Tout ce que votre boulangère vous cache...

Isabelle MURTIN

Tout ce que votre boulangère vous cache...

(Petit plaidoyer pour les boulangères)

ABECEDAIRE

©*2019,* Isabelle MURTIN

Edition : BoD – Books on Demand,
12/14 rond-point des Champs-Elysées, 75008 Paris-Brest
Impression : BoD – Books on Demand, Norderstedt, Allemagne
ISBN : 978-2-322-145-966
Dépôt légal : septembre 2019

*A J.C. qui m'a attendu patiemment tous les dimanches jusqu'à
14 heures et plus...,
A tous les poulets plus que rôtis,
A tous les amis qu'on a décommandés,
A toute ma famille,
mille excuses pour toutes les fêtes et anniversaires manqués.*

Boulangère : *personne qui fabrique ou vend du pain.*

Personne : *être humain, sans distinction de sexe (...), individu considéré en lui-même : le respect va parfois à la fonction plus qu'à la personne.*

Respect : *sentiment de considération envers quelqu'un et qui porte à le traiter avec des égards particuliers.*

Préambule

Tout ce que votre boulangère vous cache se résume en un seul mot : mal-être.

Votre boulangère va mal et vous ne vous en rendez même pas compte car elle sourit tout le temps.

C'est à la fois sa force et sa faiblesse. Surtout ne rien laisser paraître de ses sentiments et se soumettre à vos moindres caprices car vous représentez son pain quotidien.

Parce qu'elle a besoin de vendre pour gagner sa vie et vous, vous n'avez pas forcément besoin de pain pour survivre. (Quoique certains ne peuvent concevoir de manger sans pain...)

Alors, pour vous satisfaire et surtout vous fidéliser, elle travaille très tôt le matin et très tard le soir, toute l'année, les week-ends et les jours fériés.

Mais ce sacerdoce a ses limites.

Sachez-le, votre boulangère n'est pas une machine. Elle vous déteste quand vous la regardez à peine en scannant votre achat avec votre smartphone et vous haït lorsque vous quittez sa boutique sans un mot.

Votre boulangère est une personne à part entière et mérite un minimum de considération.

C'est ce que j'entends faire comprendre aux consommateurs les plus indélicats au travers de cet abécédaire. Ce dernier m'a été inspiré au fil des années au cours desquelles j'ai moi-même exercé ce métier.

Car quoiqu'en pensent certains, vendre est un métier.
Et celui de vendeuse en boulangerie-pâtisserie demeure particulièrement ingrat.
C'est une personne que le consommateur côtoie plusieurs fois par jour ou plusieurs fois par semaine mais qui n'en demeure pas moins invisible.

Sitôt sa baguette sous le bras, le client l'a déjà oubliée. Que la boulangère ait été aimable ou pas, il s'en fiche car il en a fait de même, il a son pain quotidien et c'est l'essentiel. Au diable la vendeuse et ses états d'âme ! Quand on a faim, on peut tout se permettre !

Alors, il est grand temps de réhabiliter la vendeuse en boulangerie-pâtisserie avant qu'elle ne soit remplacée par une caisse automatique.

Quant au consommateur de pain, il est grand temps de le rééduquer avant qu'il ne sache plus dire bonjour qu'à travers son téléphone portable.

En espérant qu'il ne soit pas trop tard, je vous laisse découvrir tout ce que votre boulangère vous cache...

A comme artisan boulanger

Un métier formidable

Vous aimez entrer dans la plupart des boulangeries-pâtisseries ne serait ce que pour sentir l'odeur du pain. Rassurez-vous, moi aussi ! Mais il en existe des plus agréables que d'autres. La superficie n'est pas importante pourvu que l'agencement soit judicieux. Petite ou grande, profonde ou étroite, la boutique est agréable ou ne l'est pas.
Mais avant tout, assurez-vous d'être chez un « Artisan » boulanger. L'appellation a son importance et elle doit s'afficher bien en évidence sur la devanture. Fuyez si vous ne voyez pas l'inscription en question. Vous êtes sûrement entré dans un vulgaire « terminal de cuisson » où, si l'odeur est la même que chez un véritable « Artisan » boulanger, vous allez cependant consommer un ersatz de baguette. Une pâte congelée que la vendeuse, alors improvisée boulangère parce qu'on ne lui a pas laissé le choix, a fait cuire sans aucune conviction ni passion.
Mais une fois le bon lieu choisi, entrez et imprégnez vous de l'ambiance. Il fait chaud, c'est agréable et vous n'avez qu'une envie, rester là jusqu'à la fin des temps...
En hiver, une délicieuse torpeur vous envahit et vous n'avez pas la moindre intention de regagner le froid du dehors ou l'habitacle glacé de votre voiture.
Par contre en été, il doit faire frais dans la boutique sinon vous serez tenté de déguerpir au plus vite pour retrouver l'air conditionné de votre véhicule.
Développez ensuite les petites antennes de votre odorat. Respirez à fond, sentez, humez, enivrez-vous de ces douces senteurs parfumées qui vous font oublier l'odeur de la pollution extérieure. Vous êtes, ici, dans un « no man's land », une bulle

de bien-être, sous un globe protecteur. Il ne peut rien vous arriver dans une boulangerie-pâtisserie...

Regardez autour de vous : tout est enchantement ! Harmonie des formes et des couleurs ; les croissants dorés, les chocolatines bronzées, les pains aux raisins brillants et les chaussons aux pommes à la bouche béante vous appellent... Vous sentez les tresses au chocolat vous enlacer et les brioches vous tendent leurs joues rebondies tandis que les allumettes au chocolat vous narguent. Pour un peu vous auriez envie de fumer à nouveau rien que pour en craquer une !

Ensuite, tendez l'oreille ! Le crépitement discret de la croûte de pain chaud, le ronronnement des machines, le claquement de la porte du four, vous enchantent. Ces gens-là n'ont pas l'air de travailler. Ils rient et plaisantent entre eux et s'avancent vers vous en souriant.

Vous êtes dans le Saint des Saints : une véritable boulangerie-pâtisserie ! Les patrons adorent leur métier même s'ils croulent sous les factures et ne perdent pas une occasion de vous séduire pour vous convaincre d'acheter le plus beau gâteau du rayon. Ces gens-là sont des passionnés du travail bien fait. Ils veulent vous faire partager l'amour du beau et du bon. En quelques secondes, ils vous transportent par leur verve dans un monde de délices et de senteurs inconnues. Ils argumentent, décrivent, commentent leur travail comme si c'était une véritable œuvre d'art. Vous n'avez d'yeux que pour cette pièce unique derrière la vitrine. Vous salivez et dévorez déjà mentalement le gâteau en question.

Le prix vous fait hésiter un peu et vous demandez plus d'informations sur la confection de la pâtisserie exceptionnelle que vous voulez offrir à votre famille. Vous ne comprenez rien aux explications techniques du pâtissier mais vous sentez que vous allez vivre un moment unique au niveau des papilles. Tant

pis pour le montant exorbitant, vous tendez votre carte bancaire le sourire aux lèvres et vous saisissez la boîte à gâteaux avec précaution comme s'il s'agissait d'un vase de Murano. Vous êtes fier (e) d'avoir résisté à la tentative de séduction du supermarché d'à côté qui, à grands renforts d'affiches publicitaires vous proposait le même gâteau pour dix euros de moins.
Et vous avez eu raison car sans le savoir vous venez de vous transformer en mécène.

L'artisan boulanger avec un grand A est un type qui se lève tous les jours de l'année vers 3 ou 4 heures du matin pour nourrir une population toujours plus exigeante et dont tout le monde se fout royalement de savoir qu'il n'atteindra pas l'âge moyen de l'espérance de vie des hommes de ce pays, c'est à dire 84 ans. Debout une dizaine d'heures par jour, en décalage permanent avec son horloge biologique - vous savez celle qui vous commande de vous allonger quand vous n'en pouvez plus – qu'il n'écoute jamais, l'Artisan boulanger est voué à travailler jusqu'au dernier pétrin. La forêt noire[1] que vous venez donc d'acheter – pour le prix vous en auriez eu presque deux au supermarché - a non seulement le goût du luxe mais aussi un parfum d'entraide.

Ne l'oubliez jamais ! Lorsque vous entrez chez un Artisan boulanger avec un grand A, vous faîtes preuve de solidarité avec une profession millénaire de plus en plus menacée mais qui, grâce à vos coups de cœur gustatifs perdure malgré tout.

---

1 *La forêt noire est un gâteau à base de génoise au cacao parfumée au kirsch et fourrée de cerises au sirop et de crème chantilly*

B comme boulangère

le métier de boulangère est un métier de l'ombre

Une devinette. A quoi ressemble votre boulangère ? Si l'on vous pose la question, là, dans l'instant, je vous parie mon tablier que vous n'avez pas la réponse. Sa couleur des cheveux vous sauvera sans doute de l'embarras. Brune ou blonde, vous avez une chance sur deux de répondre correctement et si la personne est blonde, vous l'auriez sûrement remarquée étant donné que 95 % des femmes de ce pays sont plutôt brunes et que votre compagne fait partie de cette majorité anonyme.
C'est comme ça ! Les chevelures blondes se remarquent davantage que les brunes, les châtains, les auburn, les ébènes, les grises ou les blanches. Une exception cependant, les chevelures rousses ; mais je vous parie cette fois-ci, en plus de mon tablier, ma pince à gâteaux et la gourmandise qui va avec que votre boulangère n'a pas la tête d'une tarte aux abricots.
En résumé, vous savez que votre boulangère est brune ou blonde mais c'est à peu près tout.
A moins que la corpulence de la personne en question vous ait interpellé parce que justement votre moitié n'est pas, dieu merci, aussi forte que la boulangère, vous êtes aussi embarrassé pour répondre que le jour de votre premier baiser. Vous savez que vous avez vu ce visage à quelques centimètres du vôtre mais vous êtes bien incapable d'en décrire les détails.
Pour conclure, la boulangère est une personne que vous côtoyez une fois par jour ou une à deux fois par semaine dans le meilleur des cas ou uniquement le dimanche matin – la grande distribution étant fermée, c'est la seule à travailler - mais de toute façon, sortie de son contexte et sans son éternel tablier, vous seriez bien incapable de la reconnaître.

Heureux anonymat me direz-vous qui évite à cette pauvre femme une répétition infernale de bonjours à tous les coins de rue.

Une autre question. Qui est votre boulangère ? Facile vous allez me dire. C'est la personne qui me sert tous les jours de l'année sans rechigner, pains et baguettes, pâtisseries et viennoiseries, journaux et chocolats. Et voilà, vous pensez avoir brillamment répondu cette fois-ci.
Mais il ne vous ait jamais venu à l'esprit que cette personne au physique anodin, au sourire permanent sur les lèvres soit doté d'un cerveau comme le vôtre.
Vous pensez que son langage se limite aux sempiternels « bonjour ! » et « bonsoir ! » qu'elle vous assène à chaque fois que vous surgissez devant son comptoir.
Vous imaginez qu'elle apprend la météo par cœur tous les jours pour vous la réciter chaque matin et qu'elle ne lit que le journal du pays pour être au courant de tous les potins du quartier.
Vous êtes sûr qu'entre deux clients, elle passe son temps à gober les mouches avant qu'elles ne se posent sur les gâteaux ou pire qu'elle s'empiffre des bonbons que vous vous interdisez de manger pour un tas de raisons discutables.

Bref, vous l'enviez, vous la détestez, vous l'ignorez, vous ne la connaissez pas et vous ne cherchez pas à la connaître, pour quoi faire d'ailleurs, et puis vous n'avez pas le temps.
Garé en double-file, au milieu des insultes, vous vous précipitez pour acheter ce bon pain qu'ils ne sont pas capable de fabriquer au supermarché, et vous vous fichez pas mal des états d'âme de la personne qui vous sert, pourvu qu'elle fasse vite....

Allez, une dernière question de rattrapage. La dernière fois que vous avez vu votre boulangère, elle vous a paru aimable ? Agressive ? Attentive ? Débordée ?

Mais là, je suis sûre que vous connaissez enfin la réponse. Surtout si elle vous a envoyé sur les roses en refusant votre commande de pièce montée en forme de godemiché pour votre 20ème anniversaire de mariage...

En définitive, la seule chose que l'on remarque chez la boulangère c'est son humeur.

C comme Client

N'est pas bon client, qui veut...

Si vous poussez régulièrement la porte d'un artisan boulanger-pâtissier, sans nul doute, vous êtes amateur de bon pain. A moins que vous ne fassiez partie de ces clients occasionnels qui ne viennent que par défaut lorsque la concurrence (grande distribution, terminaux de cuisson etc...) est fermée ou trop éloignée.
Je préfère croire qu'il s'agit de la première raison. Vous aimez le bon pain et c'est tout à votre honneur mais il vous faut le mériter.
Tout d'abord, je vous invite à soigner votre entrée dans le magasin. Ne vous trompez pas de porte, dans certaines boulangeries sophistiquées, il existe deux portes. Une pour pénétrer, une pour sortir. Prenez donc le sens de la file d'attente si vous ne voulez pas affronter le regard courroucé du patron qui a sué sang et eau afin d'imaginer ce subtil parcours. Vous allez tout d'abord saliver devant la vitrine des chocolats, résister devant la vitrine des petits gâteaux pour enfin fondre devant celle de la viennoiserie ou vaincu(e) vous repartirez avec votre pain et une demi-douzaine de croissants hors budget.
Vous devrez aussi soigner votre langage. Pas de brusquerie, pas de regard en biais ; utilisez une simple formule de politesse mais parfois oubliée. Dans une vraie boulangerie-pâtisserie, le « s'il vous plaît » est de rigueur sous peine de vous voir servir la plus vilaine baguette du rayon. Un léger sourire en prime est également apprécié.
Surtout ne toussez pas, n'éternuez pas ou ne vous mouchez pas, au moment où l'on vous tend votre pitance. C'est du plus

mauvais effet. L'échange de microbes n'est pas indispensable à ce moment-là.
(Le conseil vaut aussi dans l'autre sens, pour la vendeuse.)
Le temps étant compté pour la plupart d'entre nous, faites votre choix à l'avance. Ne restez pas planté devant la multitude de pains qui s'offre à vous comme un gamin devant un étalage de bonbons. Choisissez vite ! Le client derrière s'impatiente et il n'y a rien de plus énervant pour la personne qui sert, de rester là, le bras en suspens à attendre votre réponse.
Ensuite, votre choix effectué, ne revenez pas en arrière. Ne tâtez pas la marchandise sur le comptoir et surtout ne faites pas déballer ce que la boulangère vient d'emballer.
En un mot soyez professionnel ! Faire ses achats dans une vraie boulangerie-pâtisserie demande des années de pratique surtout si vous voulez faire partie des clients préférés des patrons.
D'ailleurs le détail le plus important pour entrer dans le top 50 des meilleurs clients, réside dans la façon dont vous allez payer votre marchandise.
Tout d'abord, profitez des dix personnes qui se trouvent devant vous pour vérifier si vous n'avez pas oublié votre porte-monnaie. Ensuite, calculez à l'avance, la somme que la boulangère va vous annoncer et surtout, préparez la somme exacte.
Renoncez à lui fourguer votre billet de cinquante euros que le distributeur automatique vient de vous imposer et bannissez les dizaines de petites pièces dont vous ne savez pas quoi faire.
Mettez-vous ça dans le crâne ! La boulangerie n'est pas une banque et la boulangère n'est pas une machine à rendre la monnaie. Facilitez-lui la vie. Elle vous en sera reconnaissante et dans le meilleur des cas, vous fera grâce du centime qui vous manquera le jour où vous n'aurez pas le compte juste.
Une autre condition pour figurer au sommet du hit parade des

bons clients. Acceptez tout sans rechigner ! Je m'explique. La fabrication du pain exige un certain savoir faire et nécessite comme tout métier certaines conditions indispensables à la réussite du produit. Une légère défaillance dans le processus bien rôdé et la marchandise que vous avez l'habitude de consommer tous les jours n'est plus tout à fait la même. Un peu trop cuit, pas assez cuit, sans les belles entailles habituelles sur le dessus ; bref, le pain que vous achetez normalement les yeux fermés ne vous fait plus envie.

Soyez indulgent ! Le patron s'est endormi, l'ouvrier pressé d'en finir a défourné trop tôt ou l'apprenti a oublié de mettre le sel dans le pétrin ! Ce n'est pas grave. Résistez à cette envie irrépressible qui vous tenaille et qui menace de franchir vos lèvres. Un bon client ne fait pas de réflexions désagréables, il comprend, il compatit, il accepte et repart sans broncher avec en échange la reconnaissance à vie de son boulanger.

D comme déontologie

La boulangère a une conscience

Le métier de vendeuse en boulangerie-pâtisserie possède aussi sa charte de droits et de devoirs. Vous êtes surpris car vous n'avez jamais vu accroché derrière le comptoir d'aucune boulangerie-pâtisserie, un tableau mentionnant par écrit les obligations et recommandations imposées à votre boulangère préférée. Vous pouvez toujours chercher entre les étagères de bonbons et chocolats, au-dessus de la machine à trancher le pain ou à côté de la vitrine à boissons, vous ne trouverez rien !
Pas de Marianne dans la boulangerie, pas de drapeau bleu blanc rouge hormis celui du club de foot ou de rugby local, pas de photo du président de la république ou du président du syndicat des boulangers ; non, non ! rien de tout ça, rien d'officiel. La charte ne se passe pas non plus sous le tablier de la boulangère, pardon sous le manteau mais bien de vive voix entre boulangères. Elle relève d'ailleurs plutôt du bon sens et du respect du client. C'est à dire vis à vis de vous, cher client.
La vendeuse sait qu'elle ne doit pas ramasser le gâteau qu'elle vient de faire tomber par-terre pour le remettre dans la vitrine après avoir soufflé dessus pour enlever les quelques grains de poussière récoltés au passage.
Elle ne doit pas non plus vous servir alors qu'elle vient de se lécher les doigts en voulant redresser un choux à la crème.
Lorsqu'elle sort des toilettes, elle ne doit pas se précipiter derrière son comptoir alors que vous poireautez depuis 5 mn dans la boutique. Tant pis pour vous ! Soit vous attendez qu'elle ait fini de se laver les mains soit vous risquer d'emporter quelques staphylocoques avec votre baguette.
Une bonne vendeuse en boulangerie-pâtisserie ne devrait

jamais travailler lorsqu'elle a le nez comme une fontaine et une dizaine de mouchoirs trempés dans la poche de son tablier. Même avec la meilleure volonté du monde, il lui est impossible de se désinfecter les mains entre chaque client à moins qu'elle ne ferme sa boutique aux alentours de minuit et que vous ayez accepté une attente de dix minutes pour avoir votre pain.

La pince à gâteaux, outil indispensable de la boulangère lui est aussi précieuse que le bistouri pour le chirurgien. Elle la chérit, la désinfecte, l'essuie méticuleusement et la maudit de disparaître plusieurs fois par jour avant qu'elle ne remette la main dessus, soulagée et se demandant pour la énième fois pourquoi elle l'égare ainsi à longueur de journée.

Une boulangère respectable ne se gratte pas non plus... le cuir chevelu, ne se met pas le doigt dans le nez ou l'oreille et ne postillonne pas partout lorsqu'elle s'esclaffe de votre éternelle blague.

Elle arbore une tenue impeccable tous les jours, autrement dit un tablier ou une blouse propre et repassée qui lui donne parfois l'air d'une infirmière de bloc opératoire mais qui vous inspire confiance.

La discrétion fait aussi partie d'un des devoirs de la boulangère. Elle ne doit pas vous interroger sur votre vie privée à moins que vous ne lui tendiez une perche aussi grosse qu'un rouleau à pâtisserie.

Elle ne doit pas non plus lorgner sur le contenu de votre portefeuille que vous étalez sur le comptoir pour chercher votre monnaie et vous questionner ensuite sur les photos de famille qu'elle vient d'apercevoir. Cela ne se fait pas. Il s'agit de votre vie privée et à moins que vous ne soyez entré dans le cercle très fermé des « clients préférés » de la boulangère, vous pouvez tout à fait l'envoyer sur les roses (ou dans les choux... à la crème) sans qu'elle ne proteste.

Une vraie boulangère vous gratifiera toujours d'un « Bonjour Monsieur, Madame, ou Mademoiselle » et d'un « Au revoir Monsieur, Madame, ou Mademoiselle ». Elle vous dira « s'il vous plaît » en vous réclamant la monnaie et vous dira « merci et au revoir » après vous avoir servi en main propre (normalement) avec un sourire éclatant.

Une baguette ou une boîte à gâteaux abandonnée sur le comptoir alors que vous en êtes encore à ranger vos sous dans tous les compartiments de ce maudit porte-monnaie témoigne d'une vendeuse « je-m'en-foutiste » et pressée. D'ailleurs, elle a déjà servi deux ou trois clients depuis votre arrivée qui s'impatientent derrière vous pour payer. Non ! Une bonne boulangère doit vous aider à ranger vos affaires et attendre que vous ayez tous vos articles en main avant de passer au client suivant. Simple question de politesse et d'attention. On est pas au supermarché !

E comme éducation

La boulangerie n'est pas un défouloir

De grâce ! Parents et grands-parents dignes de ce nom, n'envoyez pas vos enfants et petits-enfants acheter votre pain à la boulangerie sans un minimum de recommandations !
Tout d'abord, assurez-vous que le bambin en question articule un minimum si vous ne voulez pas vous retrouvez avec deux ou trois baguettes supplémentaires ou un pain dont vous avez horreur. La boulangère n'est pas experte dans le décryptage du babillage de chaque enfant. Elle ne fait pas aussi toujours l'effort ou n'a pas le temps de se transformer en Champollion lorsque vous envoyez votre chérubin avec un mot griffonné à la hâte et dont elle a le plus grand mal à déchiffrer le message.
Quant aux enfants « mal-élevés » qui ne disent ni bonjour, ni au revoir, ne vous étonnez pas s'il reviennent avec le contraire de ce que vous espériez, la boulangère s'est juste un peu vexée d'être prise pour une caisse automatique.
Évitez également de mandater votre progéniture quérir croissants et pains au chocolat avec la morve au nez ou les menottes aussi noires qu'une tête de nègre. C'est du plus mauvais effet et désagréable pour le boulanger qui a pris soin de fabriquer une viennoiserie parfaite et dont il ne souhaite pas qu'elle finisse souillée avant d'être dégustée.
Lorsque vous venez avec votre enfant, ne le laissez pas grimper sur le comptoir sous prétexte qu'il a besoin de se défouler après l'école. L'apprentissage de l'escalade et la réparation du menton fendu qui va avec ne font pas partie des compétences de votre boulangère.
Quant aux devantures étincelantes qui vous permettent de saliver à chaque passage dans sa boutique, elles sont dues à

l'huile de coude de la vendeuse. Alors respectez son travail et bannissez vos mains et celles de vos enfants des vitres, portes-vitrées et vitrines de la boulangerie.

Si vous avez un animal de compagnie, laissez-le chez vous ou dans votre voiture. Au mieux portez-le, mettez-le dans un sac ou attachez-le (pas trop près) à l'entrée de la boulangerie. Tout le monde n'est pas comme Brigitte Bardot et ne se sent pas en sécurité avec un animal lui reniflant le bas du pantalon. Quant à la patronne si elle vous ne dit rien ce n'est pas pour autant qu'elle apprécie de vous voir débarquer avec Mirza accroché au bout de sa laisse. Elle n'a qu'une crainte c'est que votre cher animal de compagnie ne lève la patte dans sa boutique ou à la sortie de son magasin. Auquel cas, elle en est sûre, il lui faudra aller chercher sa panoplie de ménagère car même si vous vous confondez en excuses, il ne vous viendra pas à l'idée de nettoyer les dégâts.
Le rat sur l'épaule n'est pas souhaité de même que le perroquet ou je ne sais quel animal exotique qui, à part vous faire remarquer, n'a rien à faire dans une boulangerie. Nous ne sommes pas au zoo !

Lorsque vous payez votre pain, prenez le temps de déplier vos billets, il n'y a rien de plus énervant pour la boulangère de se transformer en spécialiste de l'origami. Elle vous maudit, manque de déchirer le papier, le tache et perd du temps. Un minimum de considération pour la personne qui va vous servir consiste à ne pas lui balancer votre argent sur le comptoir. La boulangère n'est ni une mendiante ni à votre service. « Le client est roi », certes mais elle n'est pas la reine des pommes non plus !

Ne vous étonnez pas non plus si la boulangère vous regarde de travers alors que vous lui adressez la parole tout en conversant avec votre correspondant téléphonique. Si vous gardez votre portable branché en permanence et greffé à l'oreille, la boulangère n'est pas obligée non plus de passer pour la potiche de service.

Pour terminer, interrompez aussi votre conversation avec la personne qui vous accompagne au moment où vous vous présentez devant le comptoir. Un minimum de considération pour l'humain qui se tient devant vous relève de l'élémentaire politesse.

Sinon, adressez-vous au distributeur automatique de pain !

F comme fournil

Un lieu mystérieux

Si vous comptez parmi les meilleurs clients de votre boulangerie, vous aurez peut-être un jour l'immense privilège de pénétrer dans le «sanctuaire», un lieu en principe réservé aux initiés, je veux parler du fournil.
Le fournil, endroit magique et sujet à tous les fantasmes dans l'imagerie collective, abrite en principe sacs de farine, seaux pâtissiers, laminoir, diviseuse, pétrins, centrale, frigidaires, chambre froide, chambre de pousse, congélateur, échelles, chariots, paniers, bacs, couches, étendoirs, etc. mais pas que...

En observant bien l'endroit en question et si vous n'êtes pas chez un boulanger de la dernière génération fier de son local flambant neuf et aseptisé, vous y trouverez aussi nichées au plafond, toiles d'araignées et araignées ; épinglés sur les murs, calendriers de camionneur et cartes postales grivoises ; jetés dans un coin, balais et pelles ; et affichés derrière les portes, règlement intérieur en lambeaux et planning du personnel de l'année précédente.
Une fouille plus approfondie vous permettra ensuite de découvrir un extincteur (obligatoire) dissimulé derrière une pile de sacs ainsi que de vieux croissants fossilisés.
Je vous entends déjà hurler d'effroi mais n'ayez crainte, tout bon boulanger saura faire la différence entre de bons croissants frais et ceux d'il y a huit jours... vous ne risquez pas de les retrouver sur votre table au petit déjeuner.
Vous l'avez compris, le fournil n'est pas toujours le lieu parfaitement hygiénique auquel on pourrait s'attendre. Malgré tous ses efforts, le boulanger n'a pas toujours le temps ou

l'énergie pour astiquer, ranger, nettoyer, inspecter etc. un lieu qu'il fréquente 7 jours sur 7 et qu'il préfère quitter le plus rapidement possible, ses 12 ou 15 heures de travail effectuées.
Non, ce qu'il faut retenir du fournil c'est sa convivialité. Les gens de l'extérieur aiment pénétrer dans cet espace chaleureux aux odeurs accueillantes. Le patron qu'il soit au four ou en train de préparer un gâteau est toujours disponible pour plaisanter et vous écouter. C'est sa petite récréation et son seul lien avec le monde extérieur si l'on omet le poste de radio allumé en permanence.
Les habitués, souvent des retraités (ils se reconnaîtront) arrivent tous les jours à la même heure et occupent l'espace avec discrétion pour ne pas gêner le personnel vaquant. Les plaisanteries fusent, l'un prépare le chocolat chaud pour la vendeuse tandis que l'autre sert le café au reste du personnel. De la boutique, on entend les éclats de voix et les rires sans parvenir à saisir les conversations. Peu importe ! L'ambiance est là, les vendeuses souriantes vous communiquent leur bonne humeur et vous repartez en vous disant que vous auriez peut-être dû faire boulanger(ère) vous aussi.
Le fournil sert aussi de bureau au boulanger, c'est là qu'il reçoit représentants, fournisseurs, futurs employés, maîtres de stage etc. Les stylos côtoient les spatules, les dossiers s'empilent au milieu des publicités, du courrier, et des magazines. Seules deux choses restent soigneusement dissimulées.
Le livre de recettes du pâtissier, vieux grimoire transmis de génération en génération, tout taché et raturé mais qui vous garantit les meilleurs beignets de la région ou des galettes de rois d'exception ;
et la cassette, le coffre-fort ou la simple enveloppe, tabernacles secrets renfermant la recette de la journée.
L'après-midi, l'atmosphère est différente surtout en été. La

chaleur du fournil, étouffante est propice aux tenues légères et aux tentations. La vendeuse en mini-jupe, plantée derrière son comptoir devient aussi appétissante qu'une religieuse et le fournil pourrait vite se transformer en lieu de débauche dès le baisser du rideau.

La plupart du temps le fournil reste un lieu d'échange entre le personnel où les amitiés et les connivences se déclarent. On s'y plaint, on se dispute, on critique, on se fâche mais on y cache aussi fous rires et peines de cœurs ; tout ça à l'abri de la clientèle qui ne se doute pas que dans le fournil de son boulanger se joue quotidiennement une pièce plusieurs fois millénaire, celle de la comédie humaine.

G comme genre humain

La boulangère est philanthrope

Une bonne boulangère doit aimer son métier et par conséquent doit aimer les gens. C'est LA qualité essentielle qu'elle doit posséder pour résister à l'envie qui la tenaille parfois, c'est à dire envoyer sa balayette à la figure du dernier de ses cinq cents clients de la journée.

Parce que ses clients ne sont pas tous des gens biens élevés, bien disposés, bienveillants, bien-pensants, bien nés, bien réveillés etc., une vraie boulangère doit être résistante, patiente, tolérante, accueillante, compatissante et reconnaissante.

D'ailleurs, ces gens qu'elle appelle « clients » ne sont pas toujours des anonymes. Certains viennent tous les jours à heure fixe ou plusieurs fois par jour et elle les appelle par leur nom (quand elle s'en souvient) ou leur prénom. Ils font partie de la catégorie des « fidèles » dont elle s'inquiète de l'absence inhabituelle ou prolongée.

Ils font partie de son sérail et elle les chouchoute plus que de raison en leur glissant une petite chouquette supplémentaire sur la douzaine payée.

Tout en rendant la monnaie, elle s'enquiert de leur santé, s'informe de leurs prochaines vacances ou se permet un petit conseil sur le dernier film à aller voir absolument. La plupart du temps, elle papote un peu trop longuement au risque de susciter le mécontentement chez les autres clients.

Les clients « occasionnels », ceux qui viennent deux ou trois fois par semaine ont aussi les faveurs de la boulangère qui à chaque fois, est rassurée de ne pas les avoir perdus définitivement.

Sans avoir l'air d'insister, elle leur suggère la dernière création pâtissière de son mari dans l'espoir qu'ils reviennent plus souvent.

Les clients « d'un jour » sont repérés aussitôt le seuil franchi car en principe, ils ne prennent pas le temps de s'essuyer les pieds sur le paillasson pourtant bien placé en évidence devant l'entrée. La mine arrogante, l'œil mauvais car il est pressé, affamé ou énervé, le client éphémère se permet tout un tas de comportements désagréables qui met la boulangère de mauvaise humeur.

Et bien que cette femme admirable sache se maîtriser, il lui vient brusquement comme une furieuse envie de lui botter le train histoire de lui apprendre les bonnes manières.

D'ailleurs lorsque le contexte s'envenime, la boulangère peut exceptionnellement utiliser un vocabulaire riche en noms d'oiseaux.

Elle se venge parfois également sur le « touriste » de passage qu'elle repère à sa tenue ou à son accent et là, elle ne fait aucun effort particulier ni pour être aimable, ni pour le satisfaire.

Enfin, les clients « de dépannage », souvent clients de la boulangerie concurrente viennent par défaut mais connaissent assez bien les codes de conduite à adopter et la boulangère les sert du mieux qu'elle peut en essayant de les récupérer à tout prix.

Quoiqu'il en soit, tous ces clients différents font partie du genre humain et se comportent donc comme la plupart d'entre nous. Sautes d'humeur, froncements de sourcils, commentaires désobligeants, attitudes douteuses, font partie des séquences quotidiennes du film de la journée de la boulangère. La brave dame en question, selon sa propre humeur ne réagira pas toujours de la même façon. Elle sera à son tour, amusée, surprise, déçue, énervée, compatissante, désagréable, renfermée, distante, enjouée, désabusée, ennuyée, agacée, etc.

Pour résumer, la plupart du temps, une boulangère qui se respecte ne doit pas faire de différence entre tous ces clients. Elle doit faire preuve de la même attention pour chacun d'eux et en principe ne pas faire de favoritisme !

Mais au bout d'une dizaine d'années d'expérience, la boulangère pourra accéder sans problème au diplôme de comportementaliste et publier une thèse sur ses congénères qu'elle pourra intituler : « L'homo-sapien et la nourriture ».

Son étude du comportement de l'homme occidental « affamé » dès qu'il n'a pas mangé depuis plus de deux heures devrait susciter un relatif intérêt chez nos dirigeants. Quand le peuple a faim, il est prêt à tout... Et ça, la boulangère en sait quelque chose...

On comprendra alors qu'une fois retraitée, de philanthrope, elle soit devenue misanthrope... et qu'elle se fasse livrer ses courses à domicile.

H comme humeur

La boulangère a des dons de comédienne

Vous ne le savez pas encore mais votre boulangère sera nominée aux prochains Césars car c'est une comédienne hors pair. Elle est toujours souriante. Qu'il pleuve, qu'il vente, qu'il neige ou qu'il fasse quarante degrés, elle est toujours ravie de vous voir. Elle est sûre de remporter la fameuse statuette dans la catégorie « meilleure actrice » de l'année.

Toujours maîtresse d'elle-même, c'est avec brio qu'elle dissimule admirablement un air congestionné quand il lui tarde d'aller aux toilettes dès que vous serez parti et avant l'arrivée du prochain client.

En faisant mine de vous écouter, elle se demande ce qu'elle va bien pouvoir faire à manger ce soir ou calcule le temps qui lui reste avant la fermeture pour enfin aller s'asseoir.

Les zygomatiques étirés au maximum, elle affiche un éternel sourire du matin au soir qui vous fait penser qu'elle a bien de la chance d'exercer ce métier. Après tout de quoi pourrait-elle se plaindre d'ailleurs ?

Elle est au chaud en hiver et au frais en été. D'ailleurs, il était temps qu'elle fasse installer la climatisation dans son magasin car vous n'en pouviez plus de ces températures de fournil lorsque vous débarquiez de la plage l'été dernier. Pour un peu, vous alliez presque renoncer à manger du bon pain pour profiter de la fraîcheur du supermarché d'à côté !

La boulangère peut entrer à la Comédie Française quand elle veut. Elle pleure quand vous lui racontez votre opération de la prostate, éclate de rire à votre éternel jeu de mots sur le temps qu'il fait et s'indigne carrément avec vous sur les aléas de la

politique dont elle n'a que faire.
Pendant ce temps là, elle se retient de grimacer car elle a mal aux jambes après dix heures de station debout derrière son comptoir. Atteinte du syndrome du flamant rose, elle se tient tantôt sur le pied gauche, tantôt sur le pied droit pour soulager ses guiboles ; mais c'est toujours d'une humeur égale qu'elle vous servira.

Car c'est son credo. Une boulangère qui se respecte se fait un devoir de ne jamais afficher sa mauvaise humeur. Même lorsqu'elle vient de recevoir sa taxe professionnelle ou les charges patronales à payer, elle demeure souriante et enjouée. Aux clients qu'elle n'aime pas beaucoup car ils ne sont jamais satisfaits, elle adresse un sourire un brin forcé mais elle n'a pas le choix ; elle a bien compris qu'ils font partie de ceux qui la font vivre.
D'ailleurs si le client est roi comme l'on dit communément, la boulangère est bien la reine dans sa boutique. Certains mauvais esprits diront même qu'elle « trône » derrière sa caisse ce qui n'est pas toujours faux lorsque la dame en question affiche une tonne de colifichets dorés et ne daigne pas bouger d'un centimètre pour vous servir.

En règle générale, la boulangère est donc toujours de bonne humeur mais ce qu'elle déteste par dessus-tout, c'est se déguiser.
En infirmière pour secourir le vieux client atteint d'Alzheimer et qui s'en va avec le pantalon qui menace de lui tomber sur les mollets car il a oublié de mettre une ceinture.
En femme de ménage pour ramasser la petite crotte de votre cher toutou sur son paillasson ou pour éponger la petite flaque d'urine de votre petit dernier en plein apprentissage de propreté.

En gendarme pour houspiller la troupe d'adolescents assis sur le rebord de sa vitrine et qui empêchent les clients d'admirer le décor qu'elle a imaginé pour Pâques.
Dans ces cas là, vous comprendrez aisément qu'elle pourrait tout de même se permettre d'être un chouïa de mauvaise humeur !
Détrompez-vous, c'est dans ces moments-là qu'elle se transforme en star du 7ème art. Elle improvise. Rien ne filtre sur son visage. Aucune émotion. Elle endosse tous ces rôles sans une once de contrariété... tout en maudissant la terre entière en son for intérieur.

I comme informatique

La boulangère n'est pas un Macintosh !

Vous en êtes certain(e), la boulangère le fait exprès. Elle ne se rappelle jamais de vous. Elle ne se souvient ni de votre nom ni de vos préférences. A chaque nouvelle commande, elle vous regarde avec un drôle d'air et vous assène un : « C'est à quel nom s'il vous plaît ? » qui vous hérisse le poil. Vous vous appelez toujours monsieur ou madame AGAZAJEVSKY depuis la dernière commande, c'est pourtant pas compliqué à retenir, mais rien à faire, il vous faudra encore épeler ce nom dont vous êtes si fier mais qui apparemment ne lui dit rien.

Idem pour vos goûts. Elle s'en fiche éperdument et elle vous énerve carrément en vous demandant pour la centième fois si vous voulez votre baguette cuite ou pas trop cuite. Vous lui répétez plusieurs fois par semaine depuis cinq ou six ans mais rien n'y fait, elle n'imprime pas. Et ça n'est pas une question d'âge, vous avez vérifié en changeant de boulangerie. Que ce soit la jeune du coin de la rue, la quinquagénaire de la vieille ville, ou la belle trentenaire des halles, elles reposent sans cesse les mêmes questions : « Cuite la baguette ? », « A quel nom s'il vous plaît ? », « Pour quel jour, déjà ? ».
Cela doit faire partie d'un rituel ou alors, toutes les boulangères souffrent d'un déficit mémoriel ?
Je vous rassure votre boulangère ne vous a pas dans le pif mais elle a tout simplement du mal à retenir les noms, habitudes et petites manies de ses quelques quatre cents clients quotidiens !

En un mot, la boulangère n'est pas un ordinateur ! Elle ne dispose pas d'un tableau Excel à sa disposition avec tous ses

clients bien rangés par colonne. Elle essaie tant bien que mal au milieu de la multitude des produits proposés de s'y retrouver. Et souvent, elle échoue. Elle ne se rappelle plus si vous désirez une baguette cuite, pas cuite, dorée, non moulée, sans farine, bien pointue, avec des graines, sans graine, à l'ancienne, de campagne, aux céréales, aux fruits, complète, au maïs, au seigle, aux figues, aux noix, sans sel, au levain, au soja, au pavot, au sésame, bien gonflée etc...
Parfois le miracle a lieu. Alors que vous avez renoncé et que vous vous apprêtez à débiter votre leçon, vous êtes accueilli avec un aimable « Bonjour Monsieur AGAZAJEV... SKY, une baguette bien cuite aujourd'hui ! » et malgré cette légère hésitation sur la dernière syllabe de votre nom tant aimé vous vous empressez de saisir la marchandise en vous demandant si vous ne devriez pas aller jouer au loto en suivant.

Mais rassurez-vous, dans quelques décennies, la plupart des boulangeries-pâtisseries risquent d'être équipées de caisses enregistreuses à reconnaissance vocale. *Vous n'aurez qu'à parler pour que la machine vous délivre votre pain favori sans que vous n'ayez à répéter !*
On peut aussi imaginer un écran tactile où lorsque vous choisirez votre produit, s'affichera le nombre de calories que vous vous apprêtez à ingurgiter, sa composition, la provenance des ingrédients et les risques d'avoir un cancer en cas d'excès !
Une autre façon de consommer qui promet à la fois des satisfactions et des désagréments.
En attendant cette ère nouvelle, regardez sur votre i-phone si une nouvelle start-up n'a pas eu l'idée géniale de développer une application pour trouver la meilleur boulangerie du coin.
Avec un peu de chance, vous aurez le choix entre une vingtaine de boutiques mais le temps que vous compariez les prix et que

vous lisiez tous les commentaires des autres consommateurs, il se peut que vous vous cassiez le nez devant un magasin fermé ou déjà dévalisé.

Autre temps, autre époque me direz-vous et certains d'entre vous se sont déjà précipités sur les nouvelles machines à fabriquer le pain. Élégantes, silencieuses et performantes, elles vous permettent d'avoir la satisfaction de vous prendre pour un vrai boulanger. Mais surtout, n'oubliez pas que l'artisan a besoin de vous et que grâce à vos achats, il fait vivre 3 ou 4 personnes dans votre village ou votre quartier. A bon entendeur...

J comme « jour du seigneur »

La boulangère hait le dimanche matin

Le dimanche est le jour où vous avez le plus de chance de tomber sur une boulangère de mauvaise humeur. Debout à 5 h du matin, elle arbore de vilaines cernes bleues sous les yeux pour avoir trop veillé le soir précédent chez sa copine la bouchère qui fêtait ses cinquante ans.
Le pas incertain, la blouse chiffonnée, elle tente de réparer les dégâts à grands renforts de maquillage et de bijoux, histoire de rehausser un peu le tout. Lorsqu'elle descend ouvrir sa boutique et qu'elle voit déjà le bout de vos chaussures derrière le rideau, il est six heures pile ; elle se demande pour la millième fois ce qui peut vous pousser à sauter du lit si tôt un dimanche matin !
Lorsque vous franchissez la porte, rasé de près et frais comme un gardon (le dimanche matin, la clientèle est exclusivement masculine jusqu'à 8h !), votre boulangère est donc de TRES mauvaise humeur ! Elle vous adresse un sourire crispé, vous balance la première baguette qui lui tombe sous la main et jette presque vos croissants sur le comptoir en vous gratifiant d'un « bon dimanche ! » avec un air constipé qui ne la quittera plus de la matinée.
La boulangère hait les dimanches matins ! C'est pourtant le dernier jour de sa semaine à elle. Le lendemain, alors que vous rouspéterez coincé dans les embouteillages et la boule au ventre, elle se prélassera dans son lit, derrière ses volets clos, appréciant doublement cette grasse matinée en décalé avec le reste de la population.
Mais pour l'heure, il va lui falloir assurer cette maudite matinée dominicale où tout peut arriver...
Car le dimanche c'est le jour J. Le « D, day » comme disent les

bouffeurs de Mac Do qui nous envient notre pain béni. L'organisation réglée au millimètre peut cependant déraper à tout moment. Le carnet de commande est plein et l'effervescence règne à la fois dans le fournil et dans le laboratoire de pâtisserie. Chacun est à son poste ou presque. Il faut encore houspiller l'apprenti qui, au bout d'un an a toujours du mal à glacer correctement un éclair, réprimander la vendeuse qui tapote sur son mobile au lieu de mettre les gâteaux en rayon et répondre au téléphone qui commence à sonner, signe que le débarquement n'est pas loin.

Votre boulangère, d'ordinaire très calme, est dans tous ses états. Vous l'entendez hurler et vociférer dans l'arrière boutique.

Est-ce que le trianon[2] de Mme Trucmuch est prêt ? Faites voir, mais vous avez oublié d'écrire le prénom de son fils ? Quoi, ça s'écrit comment Thibaud ? Avec un T à la fin ou avec un D ou TD ?! Mais qu'est ce que j'en sais ? Demandez à celle qui a pris la commande. Justine !!!! Venez voir ! C'est vous qui avez pris la commande ? Non ? C'est votre écriture ! Bon, qu'est-ce que la cliente vous a dit ? Thibaud avec un D ou un T ? Comment ça vous n'en savez rien?! Mais bon sang ! Ma pauvre fille, vous avez la tête où ? Donnez moi ce portable ! Vous êtes ici pour travailler ! Francis ! On n'en sait rien pour Thibaud ! Je te le dirai quand la cliente viendra chercher le gâteau ! Quoi ? Qu'est ce que t'as dit ? Que je faisais pas mon boulot ! Je te rappelle que c'est toi qui a voulu l'embaucher la petite ! Justiiiine !!!!! Laissez moi tomber ce téléphone !!! Allez plutôt chercher les brioches !

Alors un conseil, le dimanche matin, ne venez ni trop tôt, ni trop tard pour faire vos achats. Glissez vous dans la file d'attente aux alentours des dix heures du matin une fois que

---

2 *Le trianon est un gâteau au chocolat composée d'une dacquoise, d'un croustillant praliné et d'une ganache au chocolat.*

toutes les commandes sont prêtes et avant la cohue de onze heures trente qui sonne l'hallali et où vous risquez d'être « expédié » plutôt que « servi ».

Si vous êtes fervent pratiquant, essayez de vous éclipser avant la fin de l'office si vous ne voulez pas arriver juste avant la fermeture du magasin. Rappelez-vous que si Jésus avait le don de multiplier les pains, votre boulangère n'a pas le même talent et vous risquez de vous contenter des miettes laissées par vos voisins de prie-Dieu plus malins ou plus prévoyants.

Enfin, dites vous bien que le dimanche, jour de repos dominical (jusqu'à quand?) imposé à la majeure partie d'entre nous, la boulangère est pressée d'en finir. A partir de midi, elle n'a plus le temps de papoter, ni de s'inquiéter pour vous, elle est passée en mode « automatique » et ne répond plus que par des « oui, oui », « bien sûr », « à mardi » et vous ne devez pas vous en offusquez plus que ça. Il peut lui arriver parfois de vous jalouser un peu lorsque vous débarquez avec votre sac de plage en bandoulière ou lorsque vous lui lancez un « Je me dépêche parce que nous fêtons l'anniversaire des enfants ! » ; car contrairement à vous, cela fait bien longtemps qu'elle n'a plus ni mis les pieds dans l'eau ni préparé un repas de famille un dimanche matin...

K comme késaco ?

A chaque région sa spécialité...

Si je vous parle de chocolatine et de pain au chocolat, vous allez sûrement me répondre qu'il s'agit de la même chose... Et vous aurez raison. Au Nord, on achète un « pain au chocolat » et dans le Sud, « une chocolatine ». Alors ne vous offusquez pas si parfois au fil de vos voyages, la vendeuse en boulangerie vous regarde d'un air ahuri et la bouche en cul de poule avant de prononcer : « Késaco ? » (qu'est-ce que c'est ?) - c'est qu'elle n'a pas compris ce que vous vouliez.
Tout le monde n'a pas l'envie ou l'opportunité de sillonner la France entière et ainsi découvrir les différentes spécialités de notre beau pays.

Alors lorsque vous n'êtes pas dans votre fief, gardez votre calme et prenez le temps d'expliquer quel gâteau vous désirez. Votre péché mignon est peut-être en vitrine mais sous une autre forme ou une autre appellation.
Au pire profitez-en pour goûter le dessert local et laissez vous surprendre !
Surtout n'insistez pas pour que le pâtissier réalise votre gâteau préféré dont il n'a jamais entendu parler. Si certains se démèneront pour vous satisfaire, d'autres moins conciliants vous gratifieront d'un étouffe-chrétien immangeable, histoire de vous inciter à goûter la spécialité régionale.

Dans le bassin parisien, le premier dimanche de janvier, vous réclamerez simplement une galette des rois sans plus de détail alors que dans le sud on vous demandera de préciser si vous voulez une « galette parisienne » ou une « couronne ». Surtout

ne vous énervez pas et écoutez les explications que la vendeuse va patiemment vous débiter.
Car dans le sud-ouest, la galette en question revêt la forme d'une couronne briochée trouée en son centre et garnie de fruits confits sur le dessus ou saupoudrée de pépites sucrées sans oublier la fève bien entendu. Si vous préférez la « galette parisienne », vous dégusterez une pâte feuilletée garnie d'une crème d'amande aussi appelée « Pithiviers » du nom de la ville dont ce gâteau est originaire. Mais le plus souvent, vous consommerez une galette fourrée d'une crème frangipane, un mélange de crème pâtissière et de crème d'amande. Ce sera à vous de décider quelle est la meilleure ?

Ne vous méprenez pas non plus sur le « Royal chocolat » ou le « Trianon » qui sont en fait, un seul et même gâteau à la recette identique mais qui bénéficie de deux appellations.
De même, vous ne trouverez plus ce délicieux gâteau à la noix de coco et enrobé de chocolat connu sous l'appellation « Tête de nègre » mais rebaptisé « Congolais » moins offusquant à ce qu'il paraît...

Sachez aussi que l'Oranais s'appelle aussi « Abricotine » ou « Croissant aux abricots » mais que les trois se présentent sous la forme d'une pâte feuilletée ou briochée garnie de crème pâtissière et de deux demi-oreillons d'abricots.

Tout ça pour vous dire qu'à l'heure de la mondialisation, on trouve de tout partout sous différentes appellations mais qu''il reste important de toujours savoir ce que l'on mange.

N'hésitez pas à poser des questions et à vous renseigner sur la fabrication et l'origine de la pâtisserie que vous allez déguster.

Et n'oubliez jamais que découvrir une nouvelle spécialité dans sa région ou son pays d'origine reste la meilleure façon de ne pas être déçu.

N'espérez surtout pas savourer un « Kouglof[3] » à Bayonne ou de succulentes « Rousquilles[4] » à Paris.
De même, les « Pasteis de Nata[5] » ne seront jamais aussi bons qu'à Lisbonne ou les « Cornes de gazelle[6] » aussi parfumées qu'au Maghreb !

Le savoir faire, la qualité des ingrédients et le secret de fabrication transmis de génération en génération feront toujours la différence.

Alors de grâce, lorsque vous voyagez, ne vous en prenez pas à la vendeuse ! Contentez-vous de manger local ou munissez-vous de rations de survie !

---

3   *Le Kouglof est une brioche Alsacienne sucrée ou salée garnie de raisins secs ou de lardons.*
4   *La Rousquille est une spécialité catalane qui a la forme d'un petit biscuit rond en forme de couronne parfumé à la vanille ou au citron et saupoudré de sucre glace.*
5   *Les Pasteis de Nata sont des petits flans pâtissiers caramélisés d'origine portugaise.*
6   *Les cornes de gazelle sont des pâtisseries maghrébines en forme de croissant et fourrées à la pâte d'amande.*

L comme Livraison

<u>Livrer ou pas livrer... telle est la question...</u>

... que se posent la plupart des boulangers, parce que soyons honnête, il n'y a pas beaucoup d'argent à gagner avec sa fourgonnette de livraison.
Il s'agit plutôt de rendre service au client et non pas de s'enrichir en sillonnant la campagne. C'est un service public que seuls les boulangers un brin altruiste pratiquent encore mais jusqu'à quand ?
Car après avoir acheté une belle camionnette ou retapé le véhicule de son prédécesseur, votre boulanger devra trouver la perle rare pour s'installer derrière le volant.
La vendeuse déjà en poste à la boutique ne va pas manquer de rechigner à quitter son univers douillet pour aller s'aventurer par tous les temps sur toutes les routes.
Après maintes négociations ou après l'embauche d'une nouvelle recrue, la livreuse de pains en question devra reconnaître le parcours qu'elle aura à effectuer en un minimum de temps. Car même avec un GPS, une reconnaissance visuelle de la tournée s'impose.
Chaque client a lui aussi ses exigences et sa façon de concevoir sa livraison à domicile. Certains, très attentionnés auront fabriqué une petite huche en bois ou un joli sac en tissu que la vendeuse devra repérer afin d'y déposer la précieuse denrée.
D'autres plus expéditifs ou négligents, se contenteront d'un bout de papier accroché au volet ou coincé sur un rebord de fenêtre avec leur commande griffonnée à la va-vite. A charge ensuite pour la vendeuse de ne pas oublier de rabattre le volet afin de dissimuler et de protéger le pain tant attendu.
Chez certains clients, le klaxon sera indispensable car il n'y a

rien pour déposer la marchandise et il faut attendre que le client montre le bout de son nez pour la lui remettre.
Le plus compliqué dans cette histoire de livraison sera le nombre de manœuvres qu'il faudra effectuer. Marches arrières, créneaux, stationnement en double-file, demi-tours etc. réclameront une attention de tous les instants sans compter le nombre de fois où il faudra descendre, monter, attacher et détacher sa ceinture (les facteurs en savent quelque chose aussi).

J'oubliais une chose essentielle, le paiement de la marchandise qui se fait toujours « à l'ancienne ».
C'est à dire en espèces ou par chèque lorsqu'il s'agit de la fin du mois. Si la livreuse de pain est fâchée avec les mathématiques et qu'elle doit se creuser la cervelle pour faire une addition, il lui faudra se munir, en plus de la caisse, d'une calculatrice, d'un carnet et d'un stylo surtout si elle a oublié son smartphone à la boutique.
Les commandes ne sont pas à l'abri de changements et à moins d'avoir une mémoire d'éléphant, la vendeuse devra tout noter avant son retour à la boulangerie.

Alors s'il vous plaît, si vous faites partie de ces clients privilégiés qui se font livrer leur pain à domicile, soyez un peu indulgents avec le personnel de livraison !
Cinq minutes de retard et vous voilà furieux ! Le pain n'a pas été déposé au bon endroit et vous vous ruez sur le téléphone pour le signaler au patron ! La monnaie n'a pas été rendue correctement , il vous manque 0,05 € et vous avez l'impression d'avoir été volé !
Franchement, vous pensez réellement que la vendeuse s'en est allée faire du shopping entre deux clients, qu'elle a fait exprès

de ne pas mettre le pain au bon endroit ou qu'elle a risqué sa place pour vous gruger de quelques centimes... Réfléchissez deux secondes et calmez-vous, le livreur fait son maximum mais il n'est pas non plus seul sur la route et infaillible.

Et puis si vous n'êtes pas satisfait, la prochaine fois déplacez-vous ou commandez par internet, c'est à la mode...

M comme métier de la communication

La boulangère n'est pas QUE boulangère !

La boulangère est une commère, vous en êtes sûr(e). Elle papote sur tout et tout le monde, sait tout sur tout et tout le monde. La boulangère est une commère parce que ce matin, vous l'avez entendue – et non pas écoutée – dire que Mme Untel avait été vu avec M. Untel au bar du marché et patati et patata... mais comme vous ne saisissiez pas très bien, vous vous êtes rapproché de la vitrine en faisant mine de vous intéresser aux mille-feuilles histoire de ne pas perdre une miette de la conversation.
Et puis au bout d'un moment vous avez dû intervenir car toujours pas moyen d'obtenir votre baguette et vous alliez être en retard au boulot. Peine perdue ! Après vous avoir jeté un regard noir et toujours sans vous servir, la boulangère seul maître de votre appétit, a renchéri de plus belle. Mme Untel n'avait pas seulement touché le bras de M. Untel, elle lui avait aussi pris la main ! Vous vous rendez compte ! Si, si je vous assure, c'est Mme Dupont qui vient de me le dire ce matin ! Et gna, gna, gna... et gna, gna, gna...

Mais la boulangère est aussi un agent de renseignement. Elle vous indiquera sans hésiter le commissariat le plus proche, les latrines les plus fréquentables, la dernière cabine téléphonique en état de fonctionner, le meilleur boucher de la ville (sa copine !) ou l'itinéraire le plus court pour vous rendre chez vos amis.

Cependant la fonction la plus honorable qu'occupe la boulangère est sans nul doute, celle de psychologue.
Il ne lui manque que la rémunération !

Vous pouvez tout dire à la boulangère. Vous épancher, pleurnicher, inventer, elle vous écoutera toujours de la même oreille attentive et complaisante.
La boulangère compatit, acquiesce, sourit, vous plaint, partage vos opinions, votre indignation, s'insurge, vous soutient, vous console, vous cajole.... et vous refile une petite viennoiserie au passage pour vous remonter le moral.

Si vous vous donnez un peu de mal, la boulangère peut devenir votre meilleure amie et vous garder du pain chaud tous les jours et à toute heure.
Elle peut aussi vous aider à transporter jusqu'à votre voiture la pièce montée que votre cher mari a absolument voulu vous offrir pour votre dixième anniversaire de mariage et dont vous vous seriez bien passée car vous venez de commencer votre énième régime.

Votre boulangère bien-aimée sera aussi une précieuse alliée lorsque la vessie pleine à craquer vous la supplierez de bien vouloir vous indiquer les toilettes réservées au personnel.

Une boulangère du XXI siècle doit aussi être polyglotte.
Elle doit, non seulement connaître quelques rudiments d'anglais, d'espagnol, d'allemand, de portugais, et d'italien mais elle doit aussi savoir parler le patois du village où elle travaille. Quelques expressions locales sont toujours du plus bel effet lorsque, après une attente de dix minutes pour avoir votre pain quotidien, elle vous décoche son plus beau sourire en vous gratifiant d'un « Adio[7] », ou d'un « Adishatz[8] ».
On pardonne tout aux autochtones.

---

7 *Adio signifie au revoir en Basque.*
8 *Adishatz signifie au revoir en Gascon.*

Elle doit parfois aussi se transformer en traductrice pour décrypter le langage des enfants qui tout en se tortillant devant le comptoir, ânonnent péniblement : « Une b... bra... ga... bag... braguette s'il vous plaît ! ».
Il lui faut également deviner ce que signifie : « Une grosse[9], s'il vous plaît ? » parce qu'elle ne connaît pas toutes les expressions régionales relatives au pain.

Mais le plus difficile pour la boulangère c'est de tenir sa langue en matière d'opinion politique.
Elle doit absolument travailler son art du louvoiement et du propos nuancé. Elle ponctue vos commentaires sur les dernières élections, locales, régionales, ou nationales de hochements de tête qui en disent long ou pas du tout. Elle déploie tout un arsenal de « Hum », « Ah bon », « Vous croyez ? », « Je ne me prononcerais pas », « Eh oui ! », « Ben oui ! », « Évidemment ! », « Je ne sais pas », « Vous savez moi, la politique... » etc.

Bref, elle brûle de donner son avis mais elle se retient au dernier moment, la phrase maudite coincée au fond du gosier comme une fève avalée de travers.
Elle sait qu'un mot de trop et c'est toute une partie de sa clientèle qu'elle risque de perdre.

Pour résumer, une bonne vendeuse doit être diplomate avant tout. Dialoguer et communiquer sans s'engager, convaincre, séduire et vous rallier à sa cause pour vous donner envie de revenir dans sa boutique la prochaine fois.

L'essence de tout homme politique...

---
9 Une « grosse » désigne un pain de 500 gr dans certaines régions.

N comme Noël

Le jour le plus long...

25 décembre, Noël. Une de nos fêtes préférées pour la plupart d'entre nous. Un cauchemar pour la boulangère. Le casse-tête commence dès le mois de novembre où il faut déjà penser à la décoration de la boutique. Changer de décor chaque année lui permet de garder les anciens clients qui apprécient ses efforts d'imagination mais il lui faut aussi être dans l'air du temps, afin d'attirer de nouveaux amateurs de bûches.
Du coup elle hésite à supprimer le traîneau avec les rennes, le clou de sa vitrine ces deux dernières années mais ringard à la longue. Le bonhomme de neige phosphorescent amuse toujours les enfants, elle va donc le garder. Mais que va-t-elle faire du Père Noël chantant qu'elle ne supporte plus ? Quant aux fameux Rois mages, elle a bien envie de les réexpédier en Galilée pour laisser place à un immense nounours en peluche couleur marron glacé. Avec le vert anis, la couleur à la mode cette année, ce sera parfait ! Toute excitée, la boulangère remise donc tous ses sapins argentés et ses boules dorées pour donner un coup de jeune à la boutique. Elle déploie guirlandes et étoiles d'un vert éclatant qu'elle suspend tout autour de la crèche en chocolat. L'effet est ravissant ! Sur sa lancée, elle commande bonnets clignotants et tabliers assortis. Son mari fait la moue et refuse catégoriquement de porter quoi que ce soit d'autre que le calot réglementaire. Elle argumente en lui disant que les clients vont adorer ! C'est Noël quoi ! C'est la fête !
« Pas question de me déguiser en Père Noël et évite de nous mettre dans le pétrin ! » lui rétorque ce dernier avant de retourner dans son fournil. Il est vrai que le budget prévu est

déjà un peu entamé mais bon on se rattrapera sur les bûches. D'ailleurs, qu'est-ce qu'on fabrique de nouveau cette année ? La boulangère consulte son pâtissier afin de préparer les nouveaux prospectus qu'elle distribuera à la mi-décembre. Le choix des bûches traditionnelles s'impose rapidement. Crème au beurre et biscuit pour la base ; chocolat, vanille, café, pistache et Grand Marnier pour les parfums. Rien de compliqué, c'est classique mais ça marche à chaque fois. On n'élimine pas plusieurs siècles de tradition comme ça ! Mais il faut aussi penser à la jeune génération et à son goût pour l'exotisme. Mais là, le pâtissier n'a pas du tout l'air emballé par de nouvelles créations parce qu'il va falloir qu'il se creuse les méninges, invente et teste de nouvelles recettes ! Sa patronne, euphorique, insiste : « Mais si, mon petit Pascal, vous verrez, la mangue, le kiwi et la noix de coco, font fureur cette année ! Ça va cartonner ! ». Mais le bougre résiste : « Oui, Madame, mais on ne peut pas tout marier avec n'importe quoi ».

La boulangère argumente et finit par avoir gain de cause en lançant à son employé : « Faites au mieux, mon petit Pascal ! On compte sur vous ! » ; un encouragement dont il se passerait bien car il finit de lui mettre la pression.

Au final, après une semaine d'essais et un début de dépression pour le pâtissier, le client aura le choix entre une bonne dizaine de bûches dont le choix des noms a failli coûter son mariage à la boulangère. Mais à présent, elle est rassurée car ses vitrines sont bien garnies. Cette année la bûche Hawaï côtoie la bûche du Pacifique tandis que la bûche Ibiza flirte avec la bûche des Antilles ou encore la bûche des Galápagos etc. Toute fière d'avoir trouvé tous ces jolis termes, elle feint de ne pas entendre les propos désagréables de son mari qui maugrée : « On sait même pas ce qu'il y a dans les bûches avec ces noms à la c... » mais elle n'en a cure, le client n'aura qu'à demander.

Ça y est ! Nous sommes le 24 décembre au matin. Tout est prêt. Enfin presque. Il reste une bonne vingtaine de bûches à décorer et à emballer afin que le client qui a pris le temps de commander ne trépigne pas trop dans la file d'attente.

Tous les pains spéciaux, une bonne cinquantaine au total, fabriqués spécialement pour ce jour-là sont mis de côté. Le seigle est à l'honneur pour accompagner les huîtres, le pain aux figues pour le foie gras, le pain aux cranberries pour les mets originaux, le pain au maïs ou aux céréales pour le fromage etc. L'arrière-boutique est pleine à craquer de sacs de commande soigneusement étiquetés.

Les chambres froides débordent de bûches et bûchettes. Derrière son comptoir comme à la tête d'une troupe de fantassins, la boulangère se pare de son bonnet clignotant, oblige l'apprentie à en faire autant et en avant toute ! Voilà que débute la journée la plus épuisante de l'année !

Six cents clients à servir en quatorze heures d'ouverture non stop de 6 h 00 à 20 h 00 soit une quarantaine de clients à l'heure, soit un client toutes les minutes et demie ! Pour l'occasion elle a embauché une vendeuse de plus et juste avant l'ouverture du rideau ; elle lui fait réciter une dernière fois la composition de toutes les bûches.

Pas d'amateurisme ce jour-là !

Tout devrait bien se passer...

11 H 00. C'est la catastrophe ! La file d'attente n'en finit pas de s'allonger et les clients commencent à rouspéter. L'apprentie s'est trompée dans les commandes : elle a confondu le pain de seigle avec le pain complet, il faut tout déballer et recommencer !

13 H 00. C'est toujours la queue et il n'y a presque plus de pains spéciaux malgré l'anticipation du boulanger. Il va falloir lancer un nouveau pétrin pour servir les clients de l'après-midi !

14 H 00. Ouf ! Tout le monde s'accorde quelques minutes de répit pour avaler à la hâte un semblant de déjeuner avec deux ou trois viennoiseries tout en lorgnant sur les cabas surchargés des clients.
Les agapes ne sont pas encore à l'ordre du jour car il faut, tout en mangeant, ranger la boutique, balayer et nettoyer le comptoir avant l'arrivée des clients de l'après-midi.

18 H 00. C'est l'apocalypse ! La majeure partie des clients a quitté son travail en même temps et s'est précipité pour récupérer sa bûche. La file d'attente s'étire jusqu'au milieu de la place du village et le téléphone n'arrête pas de sonner ! Les bonnets clignotants s'agitent en tous sens et on fait de son mieux pour servir au plus vite sans se tromper !

20 H 30. Le dernier client quitte la boutique et la boulangère exténuée aimerait bien enfin baisser son rideau car elle est épuisée ! Mais que lui dit l'apprentie ? Quoi ? Qu'il reste encore une commande dans la chambre froide ! Une belle bûche pour 12 personnes ! C'est une blague ! La boulangère qui a encore besoin de son employée le lendemain matin se retient pour ne pas l'étrangler car la gamine a oublié de prendre le numéro de téléphone du client !
Il n'y a rien d'autre à faire qu'à patienter jusqu'à l'arrivée du retardataire.
En attendant, elle se permet quand même une petite vengeance en envoyant son apprentie chercher sa commande de fruits de mer avec son bonnet clignotant sur la tête. Tant pis pour elle si

elle se retrouve en première page de tous les Facebook de ses amis.

20 H 45. Le dernier client est enfin là et ne s'excuse même pas de son retard car il est pressé d'aller réveillonner. Pour la peine, la boulangère l'expédie manu militari sans prendre la peine de lui souhaiter le « joyeux Noël » de circonstance car elle n'a qu'une envie : se dépêcher d'aller au lit avant que le réveil ne sonne à nouveau.

A six heures, demain matin, tandis que la plupart de ses clients déballeront leurs cadeaux au milieu des cris de joie de leurs enfants, la boulangère, elle, s'en retournera travailler... et fêtera Noël au mieux vers quatorze heures ou trop épuisée, le soir vers 19 h.

L'année prochaine, c'est juré, la boutique sera fermée pour cause de voyage en Laponie !

O comme odeurs

La boulangère est un nez !

Que cela vous déplaise messieurs les grands parfumeurs, mais votre boulangère est un nez que vous feriez bien de consulter pour composer votre prochaine fragrance. Rendez-vous compte que la dame en question hume aux premières heures de la journée pas moins d'une bonne centaine de parfums différents. Du plus banal after-shave au plus précieux flacon d'Yves Saint-Laurent, elle flaire son client sans le vouloir dès qu'il franchit la porte du magasin. L'eau de Cologne bon marché la fait aussitôt reculer d'un pas derrière sa caisse tandis que le numéro 5 de Chanel la met tout de suite en bonne disposition pour satisfaire la divine cliente qui s'approche.

Vous l'aurez compris, mieux vaut ne pas traîner un vieux relent de poisson frit derrière soi lorsque vous pénétrez dans votre boulangerie. Vous risqueriez de provoquer un haut le cœur chez la personne qui va vous servir. Le nez d'une boulangère, habitué aux douces effluves de la pâtisserie et du bon pain, repère tout de suite la moindre odeur suspecte qui envahit son espace vital. Il en va de sa survie. Le moindre relent de flatulence que vous venez de dégagez en sortant de votre véhicule va lui titiller les naseaux dès votre entrée et vous allez bénéficier d'un bref « Bonjour », « Merci », « Au revoir » en deux secondes chrono avec en prime la première baguette qu'elle aura attrapé derrière elle sans même se retourner histoire de se débarrasser de vous le plus vite possible. Après quoi, elle se saisira tout aussi vite de sa bombe anti-agression : un parfum désodorisant aux essences de vanille qu'elle vaporisera dans tout le magasin et que les prochains clients assimileront à la confection du gâteau basque.

Une haleine fraîche, légèrement mentholée peut vous aider à séduire la charmante vendeuse. Alors faites un effort, messieurs ! Un petit détour par la salle de bains avant de vous lancer sur le chemin de la boulangerie peut changer votre destin ! Un petit coup de brosse à dent, ça n'est pas la mer à boire, pensez-y !

Quant à vous mesdames, un coup de déodorant sous les bras en plein été ça ne mange pas de pain. Même si vous affectionnez le fumet des gâteaux du Père Noël est une ordure, « Les Dubrovnik » - spécialité slave roulée sous les aisselles - ça n'est pas une raison pour en garder les effluves !

Et inutile de protester ! On ne trompe pas le nez d'une professionnelle !

En revanche, une bonne odeur de pain chaud ou de chocolat est l'arme absolue pour le boulanger. Tout est calculé pour vous faire craquer. Que ce soit le matin de bonne heure ou à l'approche du déjeuner, vous devez sentir vos narines frémir à l'approche de la boulangerie. Question de professionnalisme.

Un véritable artisan ne laisse jamais son four éteint. Il garde en permanence, une tourte, une plaque de pizza, un gâteau ou une fournée de pain à cuire ne serait-ce que pour attirer les clients pressés ou inattentifs qui n'auraient pas remarqué SA boulangerie.

Chers clients, ne l'oubliez jamais, votre nez, au même titre que vos papilles, doit être entretenu et entraîné si vous voulez continuer à savourer pâtisseries et pains d'exception ! Fuyez, la grande distribution et ses gâteaux insipides pour retrouver le bon goût et les merveilleuses odeurs de votre enfance au sein de votre boulangerie.

A force de manger et de respirer n'importe quoi, bientôt vous ne ferez plus la différence entre un choux à la crème et un choux à la chantilly, entre un fraisier et un framboisier, entre du chocolat noir et du chocolat au lait. Alors entraînez-vous !
Pénétrez dans votre boulangerie-pâtisserie comme vous iriez chez un grand parfumeur. N'hésitez pas à goûter ce que vous ne connaissez pas.

Aventurez-vous, testez, comparez, osez !

P comme petites annonces

Ou la fin du Pôle emploi

Chers clients sans emploi ou futurs employeurs, ne désespérez pas ! Et ne surtout ne prenez plus la peine de vous rendre dans votre agence pour l'emploi. C'est démodé ! Dépassé ! Inutile !

Venez plutôt à la boulangerie ! D'abord pour vous requinquer avec un succulent beignet, histoire de ne pas vous laisser abattre mais surtout pour venir consulter le tableau des petites annonces qui fleurissent chaque semaine au bon vouloir des clients.
Scotchées sur la caisse ou sur la vitrine, punaisées aux murs ou déposées sur le comptoir, les petites annonces envahissent la plupart des boulangeries-pâtisseries mais ne font pas toujours l'unanimité.

Si certaines boulangères les acceptent sans rechigner et se décarcassent pour leur trouver une place de choix dans leur boutique, d'autres bougonnent et se contentent de les entasser sur un coin de comptoir uniquement parce qu'elles ne veulent pas perdre leurs clients.

Au milieu de cette mosaïque de bouts de papier vous trouverez une foule de propositions les plus insolites.
Du perroquet perdu à la vente de jantes en aluminium, du massage californien au cours de japonais, il y en a pour tous les goûts et pour toutes les bourses !
Mais surtout, selon votre situation, vous allez peut-être trouver un job à votre convenance ou engager votre nouvelle femme de ménage.

Après ne soyez pas étonné si vous n'avez pas de réponse immédiate. Soit l'annonce est là depuis la nuit des temps et le numéro de téléphone n'est plus valable ; soit on vous répondra que le poste a été pourvu depuis 6 mois !

Mais bon, on excusera la boulangère dont le métier est plutôt de renouveler le pain que les petites annonces ! D'ailleurs ça n'est pas la peine de lui faire la moindre réflexion sur l'état déplorable de sa caisse croulant sous les papiers scotchés dans tous les sens ; elle n'en a cure et vous gratifie d'un « C'est déjà bien beau que je rende service ! ».

Parfois, un miracle se produit ! Vous avez repéré une annonce qui vous intéresse et vous vous précipitez sur votre téléphone et surprise, on vous répond !
Le lendemain vous arrivez tout sourire à la boulangerie. Vous venez de vous faire embaucher grâce à la boulangère et elle ne va pas manquer de vous le faire remarquer : « Alors Monsieur Dupont, ça y est ! Vous commencez lundi prochain ? Formidable ! Je vous avais bien dit de téléphoner tout de suite. Allez, vous prendrez bien une petite crêpe pour fêter ça ?! ».

A la boulangerie, vous trouverez aussi tout un tas d'affichettes sur les prochains événements locaux tels que la fête du village, le prochain concert, le tournoi de belote, le vide-grenier, l'exposition canine, le repas des anciens combattants, etc. et vous aurez ainsi le sentiment de n'avoir pas perdu votre temps dans la file d'attente.

Quand à la boulangère qui cherche à renouveler son personnel quand celui-ci ne convient plus ou l'a laissé tomber parce qu'elle était trop exigeante, elle n'aura d'autre solution que d'afficher sa propre offre d'emploi sur sa caisse si elle veut s'éviter une kyrielle de tracasseries administratives.

On n'est jamais mieux servi que par soi-même.

Q comme quid de la protection de la planète ?

Halte au gaspillage !

Si vous êtes un fervent défenseur de la planète, vous comprendrez aisément le propos qui suit. Quant aux autres, les « *Après nous la fin du monde* », que j'appelle les égoïstes, les inconscients ou les imbéciles, qu'ils prennent le temps de tout lire et de réfléchir ensuite. Il est encore temps de changer ses habitudes.

Lorsque vous allez acheter votre pain, pensez à vous équiper d'un sac afin de récupérer votre baguette sans l'emballage que vous jetterez dès votre arrivée à la maison. C'est un geste simple et à la portée de tous. Le papier qui provient de nos amis les arbres peut servir à autre chose qu'à finir dans votre poubelle au bout de 5 mn.
Et pour la boulangère, le service est plus simple et plus rapide ; sans compter la substantielle économie dont vous allez profiter si la patronne la répercute sur le prix des gâteaux. Car à chaque emballage inutilisé, la marge augmente ou le coût du produit diminue. C'est selon la politique de la boutique...

Vous trouvez cela fastidieux ! Pourtant, vous vous êtes bien habitué à garder sur vous un jeton ou 1 euro pour le caddie du supermarché. C'est la même chose, ayez toujours un sac pour le pain dans votre voiture.

Vous pouvez faire de même pour le gâteau que vous avez commandé, en fournissant au pâtissier une boîte en plastique ou en verre même si l'usage n'est pas courant, je vous l'accorde.

Mais vous pouvez surtout contribuer plus efficacement au bon fonctionnement de notre planète en ne gaspillant rien ! NE JETEZ RIEN !

Gardez les miettes de pain pour les donner aux oiseaux, les quignons pour nourrir les chevaux ou les ânes ou encore appâter les poissons si vous êtes pêcheur.
Et lorsqu'il y a trop de pain sec, renouez avec les recettes d'antan en préparant un bon pain perdu à la poêle ou incorporez-le dans une farce pour vos volailles, tomates, courgettes ou pommes de terre.
Broyé, le pain rassis se transformera en une excellente chapelure dont vous pourrez garnir vos gratins. Soyez inventifs et responsables !

A contrario et je m'adresse maintenant aux boulangers, arrêtez de jeter vos denrées invendues. Vous les avez fabriquées à la sueur de votre front alors pourquoi vous en débarrasser ensuite ?

Faites des lots de viennoiseries à un prix attractif qui feront le bonheur de certains clients le lendemain. Donnez vos sacs de pain rassis à ceux qui possèdent des animaux et surtout, proposez à votre personnel le reste de vos pâtisseries au lieu de les jeter. Il vous sera, en principe, reconnaissant.

Contactez aussi les associations d'aide aux plus démunis qui normalement devraient se déplacer sans rechigner.
Gardez toujours à l'esprit que le pain que vous fabriquez ou que vous mangez chaque jour est la denrée la plus consommée au monde mais que plus de 700 millions de personnes souffrent de malnutrition.

Que vous soyez client ou boulanger, vous êtes privilégié, ne l'oubliez jamais !

R comme réputation

Le métier de boulangère a mauvaise réputation

Il vous est certainement arrivé un jour de vous demander ce que pouvait faire la boulangère une fois que vous aviez quitté sa boutique.

Les plus médisants diront qu'elle sort un minuscule miroir de la poche de son tablier, qu'elle se recoiffe, qu'elle se remaquille, qu'elle essaye de déloger ce diable de bout de viande coincé entre les dents (elle n'a pu résister aux délicieux petits pains au jambon du patron), qu'elle se cure les ongles ou le nez, qu'elle attrape le dernier « Paris-match » planqué sous le comptoir ou qu'elle fait coucou à sa copine d'en face, la bouchère que vous venez de quitter un peu plus tôt.

Je vous répondrai qu'ils n'ont pas tout à fait tort mais que la vérité est la suivante.

Entre deux clients, la boulangère nettoie son comptoir plein de miettes, s'aperçoit que vous avez oublié votre porte-monnaie, vos lunettes ou vos clés de voiture et court pour vous rattraper. Après ce marathon improvisé, essoufflée, elle attrape néanmoins le balai pour éjecter la terre que vous avez laissée à l'entrée - vous n'avez pas osé user le paillasson sans doute – redresse le faux Père Noël dans la vitrine car vous n'avez pas réussi à dissuader votre bambin d'y toucher, nettoie sa vitrine pour la énième fois car votre rejeton – encore lui - y a laissé ses empreintes ou ressort sur le trottoir pour ramasser l'emballage que vous venez de jeter négligemment.

Dans certains cas exceptionnels, la boulangère ne fait rien, soupire, se croise les bras, baille aux corneilles, pense à ses prochaines vacances - dans deux ou trois ans, si tout va bien – houspille l'apprentie qui ne fait rien non plus, se demande même parfois ce qu'elle fait là et guette le carillon de la porte annonçant le prochain client.

Mais certaines âmes encore plus mal intentionnés trouveront d'autres occupations à la boulangère surtout si cette dernière, plutôt avenante et bien maquillée, distribue clins d'œil et sourires en coin aux plus beaux spécimens de sa clientèle.
Beaucoup en sont convaincus, la boulangère, entre deux clients tapote sur son téléphone portable pour donner rendez-vous à son amant lorsque son mari fait la sieste l'après-midi.

D'autres diront même qu'elle a souvent le lascar sous la main et que si elle se précipite dans le fournil sitôt la porte du magasin fermée c'est pour s'abandonner sans remord dans les bras du bel ouvrier – plus jeune qu'elle - que vient de recruter son époux.

Enfin, et c'est la bonne réponse. Lorsque vous quittez la boulangerie votre baguette sous le bras, la boulangère travaille. Elle se précipite dans son bureau pour continuer ses comptes commencés deux heures plus tôt et toujours pas terminés. Elle contrôle les bons de livraison, range les nouvelles boîtes à gâteaux, remplis les pots de bonbons, court chercher la viennoiserie toute chaude, approvisionne le rayon en nouvelles baguettes, appelle le plombier pour la fuite dans le laboratoire de pâtisserie, sermonne l'apprentie qui ne fait toujours rien, se démène au téléphone pour obtenir un délai de paiement de ses cotisations etc.

Rien d'exceptionnel en somme, si ce n'est qu'il lui arrive parfois de craquer pour un beau « Puits d'amour [10]» en pantalon rayé et débardeur blanc...

Mais on pardonne tout à la femme du boulanger. N'est-ce pas M. PAGNOL ?

---

10 *Le « Puits d'amour » est un gâteau rond en pâte feuilletée ou pâte à choux garnie d'une crème caramélisée.*

S comme SMIC

<u>ou comment travailler plus pour gagner moins</u>

Ne vous méprenez pas ! La plupart des boulangères que vous côtoyez ne sont pas patronnes. Loin s'en faut ! La majorité d'entre elles sont souvent de simples employées payées au lance-pierres, c'est à dire au SMIC. Vendre du pain n'étant pas non plus, je vous l'accorde, un métier requérant un grand niveau de compétence, il vous semble donc normal que cela ne mérite pas un salaire très élevé. Ce que pensent d'ailleurs un grand nombre de patrons. Grave erreur !
Car la vendeuse en boulangerie-pâtisserie doit refléter l'âme de la boutique. C'est primordial pour vous donner envie d'acheter.. Et pour être souriante et avenante en toutes circonstances , quoi de plus motivant qu'un salaire convenable pour un métier exigeant une disponibilité sans faille.

Si votre boulangère vous a semblé moins agréable depuis quelque temps, posez-vous la question : est-elle la patronne ? Non. Alors, si elle est une simple employée, posez-vous une autre question : ses conditions de travail sont-elles toujours les mêmes ?
Et là, je vous parie qu'en lui tendant la perche et si vous la connaissez un tant soit peu, elle va se confier à vous sans effort et vous allez découvrir l'envers du décor.

D'abord, la vendeuse en boulangerie-pâtisserie ne bénéficie pas des mêmes congés payés que vous.
Oui, elle a le droit comme vous à 5 semaines de repos mais, et c'est là la différence, elle n'a pas comme vous la chance de pouvoir les choisir. Car elle doit se plier aux exigences de la

clientèle et à la période de fréquentation de la boutique. En résumé, la boulangère doit être en vacances quand personne n'a besoin d'elle. C'est à dire jamais. Mais la loi, c'est la loi et le patron n'a donc pas d'autre choix que de laisser partir ses vendeuses en s'arrangeant pour que cela ne lui porte pas préjudice non plus...

C'est à dire qu'en zone touristique et notamment en bord de mer, les employés sont soumis au même régime sec que leurs patrons. Pas de vacances en été (pour le bord de mer) et pas de vacances en hiver (pour la montagne). Ce sera donc pour le délicieux mois de novembre ! Chouette ! Un des mois les plus propices pour aller à la plage ou pour skier !
Évidemment, pas de congés non plus à Noël, le jour de l'An, à Pâques, le 1er mai, Le 8 mai, le 14 juillet, le 15 août, le 11 novembre etc.

A part le lundi de Pentecôte où il s'agit comme par hasard de la fermeture hebdomadaire de la boutique, la boulangère travaille tous les jours fériés !

Vous pensiez aussi que travailler le dimanche permettait à la vendeuse d'arrondir ses fins de mois. Pas du tout ! Elle n'est pas payée double mais seulement 20 % de plus, alors ne vous étonnez pas si elle vous fait la tête quand vous lui parlez de votre sortie dominicale. Ce jour-là, non seulement elle bosse mais en plus elle met en danger sa vie privée ! Son mari crie au divorce car il doit s'occuper des enfants au lieu de se prélasser au fond de son lit et elle a perdu tous ses amis qui ont finalement renoncé à l'inviter pour éviter de se mettre à table à l'heure de la sieste.

Et si je vous parlais aussi des tâches annexes non rémunérées que l'on exige d'une vendeuse en boulangerie-pâtisserie, vous ne seriez plus étonné de sa mine déconfite certains jours.
Je vous explique.
Dans la plupart des boulangeries, le ménage de la boutique se fait après la fermeture du rideau ce qui est normal. Or l'heure de débauche de la vendeuse correspond curieusement à la même heure. Alors vous allez me dire : qui fait le ménage dans le magasin ?
La réponse est : la vendeuse ! Non rémunérée d'un quart d'heure si elle passe la persillère en oubliant les coins, balance les miettes sous le comptoir et néglige de nettoyer la vitrine. Pour les plus consciencieuses, celles qui s'appliquent à déplacer les meubles pour balayer en dessous ou qui essuient la vaisselle pour qu'il n'y ait pas de traces, ce sera une demie-heure payée à l'as.

Pour résumer, si la vendeuse veut partir à l'heure, il faudrait qu'elle fasse le ménage en même temps que la vente. Solution pas très hygiénique je vous l'accorde, et que certaines refusent catégoriquement même si certains patrons l'exigent. Question de conscience professionnelle !

Dans certaines boulangeries, il sera aussi demandé à la vendeuse de donner un coup de main au pâtissier ou au boulanger ! Par exemple, pour fabriquer les fonds de tarte, éplucher les pommes, plaquer les viennoiseries ou défourner le pain car un apprenti coûte trop cher.
Tout ça pour le même prix bien entendu et sans un sourire ou un mot de remerciement.

Et ainsi, de fil en aiguille ou de pelle à gâteau en économe devrais-je dire, l'employée destinée tout d'abord à la vente se transforme petit à petit en pseudo-pâtissière ou en pseudo-boulangère mais toujours pour le smic.

Parfois, elle fait aussi les factures ou surveille les enfants du patron, bref, elle n'a de vendeuse que le tablier et au bout d'une dizaine d'années de bons et loyaux services, toujours aussi faiblement rémunérée et considérée, elle ne rêve plus que d'une seule chose : gagner au loto ou que son patron meure d'une apoplexie derrière son four !

T comme terminologie

Un peu de vocabulaire

S'il vous arrive un jour de vous trouver dans une boulangerie-pâtisserie comme en terre inconnue parce que vous ne comprenez pas tous les mots prononcés, surtout ne paniquez pas !
Mettez vous dans un coin et écoutez ! Vous allez apprendre plus de nouveaux mots qu'en regardant une émission des chiffres et des lettres !

- Daniel ! Où avez-vous mis la branlette ?!!!
- Émilie ! Vous avez commandé du bolduc ?!!!
- Géraldine ! Descendez-moi les boîtes pour les navettes, s'il vous plaît !
- Nicolas ! Vous avez encore oublié vos couches sur le marbre !

Vous n'avez rien compris, c'est normal. A chaque métier, ses spécificités de vocabulaire.
La traduction de ce que vous venez de lire est la suivante :

- Daniel ! Où avez-vous mis la saupoudreuse ?!!!
- Émilie ! Vous avez commandé du ruban ?!!!
- Géraldine ! Descendez-moi les boîtes pour les petits pains, s'il vous plaît !
- Nicolas ! Vous avez encore oublié vos toiles en lin sur le plan de travail !

Comme vous pouvez le constater, rien de bien compliqué quand on est du métier mais surprenant pour les non-initiés.

Le plus dur est à venir si vous êtes invité derrière, dans le fournil et le laboratoire. Les deux pièces servant l'une à la fabrication du pain et l'autre à la pâtisserie.

Ne vous étonnez pas si vous l'on dit de ne pas vous mettre devant le cul de poule et ne cherchez pas le volatile en question car il s'agit d'un bol de préparation en inox dont le fond est arrondi.

Si l'on vous dit : « Poussez-vous de devant la bouche afin que le boulanger puisse poser sa pelle ». Là aussi, ne vous méprenez pas. Vous n'avez pas dans le dos, une bouche de métro parisien mais l'entrée du four et vous ne verrez pas non plus le boulanger avec une pelle de jardinier. La pelle du boulanger est munie d'un long manche en bois pour éviter de se brûler et d'une large plaque sur le devant permettant d'enfourner plusieurs pains à la fois.

Vous êtes toujours là ?

Alors je continue. Si le pâtissier est un peu débordé, il vous demandera peut-être de l'aider et de mettre la main à la pâte, au sens propre du terme cette fois-ci !
Il vous demandera d'abaisser la pâte, de chemiser le moule, et d'abricoter ses tartes...
Je traduis : Il vous faudra étaler la pâte à l'aide d'un rouleau à pâtisserie, tapisser le moule d'une préparation (papier sulfurisé, beurre ou autre) et napper ses tartes d'une fine couche de gelée, confiture ou marmelade.

Côté boulangerie, si vous vous trouvez devant les étiquettes

comme un apprenti devant une poche à douille[11], vous pourrez toujours interroger la vendeuse sur la différence entre un pain complet, au seigle, au son ou à l'épeautre. Elle se fera un plaisir (en principe) de vous expliquer ce qui suit :
Le pain à la farine d'épeautre, assez rare contient peu de gluten et beaucoup plus de magnésium, de zinc, de fer et de cuivre qu'un pain à la farine de blé.

Si vous avez opté pour un pain dit « complet », il s'agira d'une farine de blé complet c'est à dire avec l'écorce de la graine donc plus rassasiant et recommandé si vous voulez perdre quelques kilos.

Quant au fameux pain de seigle pauvre en gluten, anciennement appelé « pain noir » ou « pain du pauvre », ne vous étonnez pas de la couleur foncée de sa mie puisqu'il s'agit là d'une farine de seigle, céréale brune à l'origine. C'est un pain riche en minéraux notamment en fer.

Vous pouvez aussi acheter un excellent pain de son du nom de la céréale en question et qui vous libérera le côlon en cas de problème récurrent.

Mais tout ça vous ne pouvez l'apprendre que si vous discutez avec votre boulangère plutôt que de vous précipiter sur Wikipédia. C'est beaucoup plus convivial et gratifiant pour la personne qui du coup n'a plus l'impression de n'être là que pour tendre le bras et vous rendre la monnaie.

Et si vous la mettez dans l'embarras parce qu'elle ne sait pas répondre, vous pouvez toujours taper sur votre smartphone et

---

11 *Sac conique munie d'une douille pour décorer les gâteaux.*

lui divulguer l'information avec un grand sourire.

Ça s'appelle avoir du tact.

Un mot dont certains clients n'ont jamais entendu parler...

Alors, un peu de vocabulaire, si vous le permettez !

TACT : *sentiment délicat de la mesure, des nuances, des convenances dans les relations avec autrui. (Dictionnaire Larousse).*

Oubliez tout le reste et ne retenez que ce mot. Merci.

U comme utopie

Saint-Honoré, priez pour moi pauvre vendeuse ![12]

En cette rentrée scolaire, les centres de formations pour apprentis débordent de boulangers en herbe. Nul doute que ces chérubins aux têtes blondes n'ont pas manqué de regarder la télévision au cours de l'année écoulée, avec une prédilection pour les émissions consacrées à la boulangerie...
Lorsque la meilleure boulangerie de France s'affiche en prime time avec tenues impeccables et locaux rutilants, certains de nos ados boutonneux n'ont alors plus qu'une envie : devenir boulanger !

Mais si le métier de boulanger plaît autant, il reste cependant réservé majoritairement aux hommes car il fait partie des boulots dits « physiques ». Les demoiselles attirées par la profession en question ou par manque d'autre vocation peuvent toujours endosser la panoplie de pâtissière ou de vendeuse.
Les propositions d'apprentissage puis d'emplois durables ne manquent pas ! Et pour cause... (Si vous avez bien tout lu depuis le début, vous connaissez maintenant les raisons du turnover permanent dans ce secteur d'activité !).

Alors, à part embrasser ce métier par défaut ou parce qu'elles croient qu'elles vont finir experte en tournoiement de la baguette et à la tête d'une troupe de majorettes, il n'y a aucune raison que nos jeunes adolescentes se précipitent derrière le comptoir d'une boulangerie. A moins que...

---
12 *Saint-honoré est le saint patron des boulangers. C'est aussi le nom d'un gâteau à base de pâte feuilletée recouvert de petits choux garnis de crème pâtissière à la vanille et recouvert de chantilly ou d'une crème Chiboust.*

A moins qu'elles ne soient déjà éprises... d'un apprenti-boulanger ! Alors là, tout est envisageable. Avec une bonne dose d'optimisme et d'imagination, certaines d'entre elles se verront déjà patronne et à la tête de plusieurs boutiques.

A moins que la vendeuse en question ne soit aventurière... car la profession recrute en permanence partout en France ou même à l'étranger.

A moins que la belle ne fasse preuve d'une ambition démesurée et qu'elle déploie tous ses charmes pour prendre la place de sa patronne dans le cœur de son patron.

A moins qu'elle attende que le prince charmant ne pousse, un jour, la porte de sa boutique, un bouquet de roses à la main pour la demander en mariage et la tirer de ce mauvais pas.

En réfléchissant bien, il n'existe pas beaucoup de raisons valables pour sauter du lit tous les jours de l'année à 5 h du matin en étant de bonne humeur... à moins d'avoir un sérieux besoin de travailler pour remplir son frigidaire.

Certains d'entre vous trouveront ce propos un brin pessimiste et pourtant j'exagère à peine. Trouvez-moi un patron compréhensif et soucieux du bien-être de son personnel et je rempile pour dix ans de plus.
Avec un léger confort de travail supplémentaire : la climatisation en été, un dimanche par mois, un tabouret pour s'asseoir de temps en temps (à partir d'un certain âge, la station debout relève de l'exploit olympique) ou le choix d'une partie de ses vacances, je parie que la plupart des vendeuses en boulangerie-pâtisserie s'accrocherait davantage à leur emploi.

Non, on ne « rêve » pas de devenir vendeuse en boulangerie-pâtisserie. Aucune jeune fille n'a envie de travailler en tablier et en bas de contention pour le SMIC. On le devient par hasard. On le pratique un temps, on l'apprécie parfois et si on finit aussi par le détester, c'est à cause de certains d'entre vous, messieurs les patrons.

V comme vide-grenier

La boulangère s'enrichit sur votre dos mais c'est de votre faute.

Guettez la porte de la boulangerie le dimanche matin, celle du côté domicile. Lorsque sur celle de la devanture, vous verrez le panneau : « Fermé du 05 au 30/09 ».

Vous serez ensuite surpris de voir vos deux commerçants les bras chargés de grands bacs en plastique qu'ils entassent à l'arrière de leur camionnette de livraison.
Si vous vous approchez un peu ou si vous disposez de jumelles, vous verrez alors une quantité d'objets amoncelés en vrac : parapluies, lunettes, briquets, stylos, livres, magazines, bijoux, écharpes, gants, jouets d'enfants, etc.

L'espace d'un instant, vous tremblez. Et si le boulanger profitait de ses congés pour déménager ! Finis le bon pain du dimanche matin et les délicieux croissants chauds !
Mais un détail vous fait brusquement douter : pas de gros colis, pas de matelas, chaises etc., les boulangers s'en iraient-ils sans leurs meubles ? Soyez un peu plus perspicace, que diable ! Habillez-vous en vitesse et prenez votre voiture pour suivre vos deux tourtereaux endimanchés.

Au bout de quelques kilomètres, vous aurez la surprise de les voir débarquer sur la place d'un village très éloigné du vôtre. Et pour cause ! Vos boulangers préférés s'apprêtent à participer au vide-grenier de l'association des mangeurs de pastis afin de se débarrasser de tout le bric-à-brac accumulé derrière le comptoir de la boulangerie depuis un an !

A midi, ils se sont déjà délestés de la plupart des objets et avec le gain de la vente s'en vont engloutir un sandwich à la buvette du coin. Ils l'ont bien mérité avec tout le mal qu'ils viennent de se donner. Sans compter tout le travail de détective effectué au cours de l'année écoulée.
Car outre les clients pressés qui achètent du bon pain, vous avez aussi les étourdis, les stressés, les bavards, les distraits etc. qui oublient tout et n'importe quoi. A charge ensuite pour la boulangère de restituer tous les objets égarés dans sa boutique.

Après avoir mis une affiche sur la caisse pour espérer retrouver le propriétaire de l'objet abandonné, la boulangère enquête en cuisinant tous ses clients : « C'est à vous ce doudou ? », « Ne serait-ce pas les lunettes de M. X ? », « Vous reconnaissez cette écharpe, n'est-ce pas à Mme Untel » etc. . Puis au bout de quelques jours et en fonction de la valeur de l'objet, la boulangère téléphone aux instances municipales :« Quelqu'un vous a-t-il réclamé un bracelet en argent ? », « Une cliente a perdu une broche en plaqué or... » etc. ou s'il s'agit de papiers d'identité, elle se rend à la gendarmerie en bougonnant car elle aurait préféré faire la sieste.

Bref, la boulangère n'a pas que ça à faire et parfois au lieu de se triturer les méninges, elle préfère en désespoir de cause, remiser l'oubli dans l'arrière boutique en attendant que le propriétaire se manifeste.

Au bout d'un an et un jour, l'objet ou les objets lui appartiennent et c'est donc sans états d'âme qu'elle ira en tirer quelques sous, ne serait-ce que pour se dédommager du temps perdu en vaines recherches.
Après tout, il n'y a pas de petits profits...

W comme Waterloo

Ou le jour de gloire est arrivé ! (d'après une histoire vraie)

Qui a dit que le métier de boulangère était un métier de planquée ? A l'heure où nous traversons une époque plus que troublée il serait temps de prendre conscience que le métier de vendeuse en boulangerie-pâtisserie demeure un des plus exposé à la violence tant verbale que physique.

D'abord parce que la brave dame en question n'est absolument pas protégée d'un éventuel agresseur. Je n'ai, pour ma part, encore jamais vu ni de guichet, ni d'hygiaphone dans aucune boulangerie-pâtisserie.

Toujours en première ligne, tel un fantassin, c'est la vendeuse qui, en principe, essuie les premières salves de postillon, les propos désagréables et lorsque cela se passe mal, les premiers coups.
Elle est la proie idéale pour tout individu mal embouché ou mal intentionné. De par sa fonction, elle se doit d'être aimable et ne pas répondre, rester stoïque en toute circonstances et afficher un sourire permanent comme un étendard brandi à la face du monde.

Souvent seule dans sa boutique et derrière sa caisse, elle demeure un bien faible rempart pour défendre la recette de la journée.

Alors lorsque l'ennemi surgit devant son comptoir un beau matin d'avril à midi pile, la boulangère n'a pas toujours les bons réflexes. D'abord, elle se surprend à ne pas avoir peur de ces deux yeux noirs qu'elle aperçoit à travers les fentes de la cagoule qu'elle a tout d'abord prise pour un masque de carnaval. La période, quoique terminée, tente toujours quelques amateurs en mal d'amusement tardif.

Ensuite, la voix mal assurée du bandit en question ne l'impressionne pas plus que ça. Et puis il est midi et elle en a marre de la matinée. De mauvais poil, elle hausse à peine le sourcil devant l'injonction qui lui est faite d'ouvrir sa caisse. Fatiguée, elle toise l'individu cagoulé avant de lui rétorquer qu'il n'a qu'à l'ouvrir lui-même, non mais !

Le malfrat grommelle une parole inintelligible et brandit alors une arme devant le nez de la boulangère qui, toujours pas impressionnée, juge que celui-ci doit être en plastique et refuse toujours d'ouvrir sa caverne d'Ali Baba.
- « Ouvre la caisse, CONNASSE !!!! » hurle le type qui aperçoit deux clients s'approcher de la boutique. Il est midi et deux minutes.
D'un revers de la main il balaye en vain les touches de la caisse automatique qui reste fermée tandis que la boulangère le toise d'un air goguenard tout en sentant ses jambes flageoler malgré tout.
Mais c'est décidé, elle n'ouvrira pas ! Il n'avait qu'à être poli. La traiter de connasse tout de même ! Faut pas pousser !

Midi et trois minutes. Le type a déguerpi chassé par l'arrivée de fidèles clients qui essaient de réconforter la boulangère qui s'est finalement effondrée derrière son comptoir.
Son mari qui dormait à l'étage est arrivé trop tard pour mettre l'ennemi en fuite mais juste à temps pour rattraper son épouse en train de s'évanouir.

Plus tard, le commissaire est passé prendre la déposition de la boulangère dont tout le quartier vantait déjà le courage. Il n'a eu qu'un seul commentaire : « Vous auriez pu y passer, vous savez. La prochaine fois, donnez votre recette et ne cherchez pas à jouer les héroïnes ».

« Héroïne ? Mais je n'ai pas besoin de ça figurez-vous ! Qu'est-ce que vous croyez ? Ici c'est Waterloo tous les jours !

X comme XXL

La boulangère n'est pas responsable de son état ni du vôtre

Si je vous dis que la plupart des boulangères sont plutôt rondes, vous allez trouver que j'exagère... et vous aurez raison.

Toutes les boulangères ne sont pas des « thons » comme disent les ados et ne s'habillent pas toutes en taille XXL !

N'empêche que dans l'imaginaire collectif et dans la plupart des descriptions littéraires ou représentations graphiques, la boulangère ou le boulanger sont la plupart du temps présentés comme des personnages bedonnants et bien en chair. Pourquoi ?

Un peu d'histoire. A l'origine, le boulanger était l'un des personnages principaux du village au même titre que M. le Curé, l'instituteur ou M. le Maire. C'était à lui qu'incombait la lourde tâche de nourrir toute la population de la denrée de base : le pain. Les autorités locales et administratives ont donc, de tout temps, eut à cœur de lui fournir sa matière principale, le blé, et ce en toutes circonstances. Le boulanger a toujours été plus ou moins à l'abri du besoin et a toujours mangé en principe à sa faim toute l'année. Or, si son commerce est florissant, il peut ensuite se payer la tranche de lard qui va avec le croûton !

En conséquence, bien nourri, le boulanger, même s'il n'avait pas de prédisposition génétique à grossir, a toujours plus ou moins vécu dans l'opulence et par conséquent, à afficher une silhouette plutôt rondelette.

Je vous entends déjà crier au scandale devant une théorie aussi simpliste. Et pourtant, elle relève d'une logique élémentaire. Qui se nourrit bien ou trop bien aura évidemment tendance à grossir. Surtout si les personnes en question n'ont ni le temps ni la force de pratiquer une activité sportive lorsque le four est enfin éteint, après une semaine de 70 heures ou plus.

Mais ça c'était avant.

Depuis quelques années, les boulangers ont minci comme leur bénéfice d'ailleurs. Il n'est pas rare de rencontrer des hommes et des femmes plutôt dans la norme (s'il en existe une).

Les charges ont augmenté et les heures de travail avec, tandis que le personnel (une ruine et un casse-tête) a diminué. Résultat : les patrons boulangers travaillent davantage et prennent moins le temps pour s'empiffrer. Ajouter à cela, une culture du loisir qui a tendance à s'intensifier et voilà que ces messieurs se mettent à surfer, skier, nager, courir, pédaler à la moindre occasion !

Alors, faites comme eux ! Mangez et bougez !

N'ayez pas peur du croissant du dimanche matin ou de la bonne baguette viennoise trempée dans votre bol de café. Allez-y ! Lâchez-vous ! Empiffrez-vous ! Et ensuite allez transpirer de n'importe quelle façon, pourvu que vous vous fassiez plaisir et que vous oubliiez les kilos que vous venez d'ingurgiter.

Pour information, voici ce que vous allez absorber comme calories lorsque vous mangerez :

- une tarte aux pommes   237 cal/100 gr
- un pain au chocolat   256 cal/100 gr
- un éclair   262 cal/100 gr
- un pain aux raisins   274 cal/100 gr
- une brioche   346 cal/100 gr
- un chausson aux pommes   348 cal/100 gr
- un pain au lait   390 cal/100 gr
- un croissant   406 cal/100 gr

Franchement, il n'y a pas de quoi en faire un flan ![13]

---

13 *Le flan est un gâteau réalisé avec du lait, de la farine, du sucre, des œufs et aromatisé à la vanille. Il en existe plusieurs versions au chocolat, au caramel etc. Son pouvoir calorique est de 146 cal/100 gr.*

Y comme Youpi !

Le plus bel endroit du monde

… pour une boulangère n'est pas une plage de sable fin sous les cocotiers ou un week-end à Rome (pour les cloches, elle a déjà donné au mois d'avril) mais tout simplement sa place sur le marché hebdomadaire de sa commune.

Là elle respire enfin ! Plus de mari ou de patron sur le dos, plus d'employés à surveiller, elle se sent libre comme une religieuse[14] avant d'être consommée. Rapide comme l'éclair (je ne vous donne pas la composition de ce gâteau que vous connaissez sûrement), elle a installé son stand dès potron-minet, arrangé sa coiffure et bien emmitouflée quand c'est l'hiver, elle attend de pied ferme jésuites[15] et financiers[16]. (Vous me pardonnerez ces subtils jeux de mots, je n'ai pas pu résister et puis ça vous donnera une occasion d'embêter la vendeuse pour tester ses connaissances...)

Diplomate[17], elle sourit aux blagues des plus téméraires et ne s'offusque pas le moins du monde lorsque le premier client la félicite sur ses belles miches posées sur l'étalage. C'est samedi, la semaine est presque terminée et on tolère presque tout.

---

14 *La religieuse est une pâtisserie composée de deux choux posés l'un sur l'autre et fourrée de crème pâtissière au   chocolat ou au café*
15 *Le jésuite est un petit triangle à pâte feuilletée à la frangipane et recouvert de glaçage.*
16 *Le financier est un petit gâteau ovale à base d'amande et de blanc d'oeuf, de beurre, sucre et farine de blé.*
17 *Le diplomate est un gâteau composé d'une génoise imbibée de Grand Marnier entrecoupée d'une couche de crème pâtissière fourrée aux fruits confits et recouvert de crème Chantilly.*

Venir au marché c'est un peu assister à un opéra[18] où se joue une variante de la comédie humaine. Les marchands s'interpellent, plaisantent, trinquent et la boulangère échappe à la solitude de sa boutique. Elle est heureuse de retrouver des collègues dans la même galère qu'elle et ne se prive pas de commenter l'actualité politique à grands renforts de commentaires bougons.

Les odeurs de légumes et de fruits frais distillent une ambiance de convivialité rassurante qui rappelle l'enfance et les marchés d'autrefois.
Les clients sont moins arrogants et moins pressés car ils sont en week-end. Ils prennent le temps de discuter et se dévoilent parfois un peu plus que d'ordinaire et ce qu'apprend la boulangère la laisse parfois comme deux ronds de flan (vous connaissez aussi). Celui qu'elle croyait célibataire et qui lui faisait du rentre dedans à la boutique est père de 4 enfants ! Et Madame de truc machin chose qui lui file la migraine tous les dimanches matin pour sa commande de mignardises[19] qu'elle exige « impeccable, vous comprenez je reçois ! » et qu'elle imaginait comtesse ou quelque chose comme ça, est en fait une retraitée de La Poste !

Et puis, au marché, la boulangère a jeté sa blouse au panier. Elle est à égalité avec ses clients. En été, elle se permet tee-shirts colorés, décolletés à dentelle et chemisiers fleuris. Elle se sent femme à nouveau.
Plus de balai à la main ni de serpillière. Qu'il pleuve ou qu'il neige, ça n'est plus son problème. Sitôt la vente terminée, elle

---

18 *L'opéra est un entremet composé d'un biscuit joconde, d'une crème au beurre au café et d'une ganache au chocolat.*
19 *Les mignardises sont de petits gâteaux (éclairs, tartelettes, choux etc.) servis en fin de repas souvent avec le café.*

n'aura pas cette fois-ci à nettoyer sa boutique. Bien à l'abri sous la halle ou son chapiteau, c'est au tour des clients de prendre des risques pour acheter leur baguette.

Comble du bonheur, elle se permet même de refuser les gros billets avec un grand sourire en invitant les clients indélicats à faire de la monnaie auprès des autres commerçants !
Mais sans gâteaux fragiles à emballer et sans pain à trancher, la vendeuse est beaucoup plus rapide. Les files d'attente disparaissent et parfois elle s'ennuie presque !

Les jours de mauvais temps, le client se fait rare, la matinée s'éternise... Il lui vient alors des envies de voyage et d'abandon de poste, d'un aller-retour Paris-Brest[20], pourquoi pas ?
Pour un peu elle sauterait le pas...

Allez c'est parti !

Deux mots ont suffi pour que son voisin accepte de surveiller son stand le temps qu'elle s'envole non pas vers la capitale et la Bretagne mais « Sous le soleil des tropiques », l'unique café des halles.

Là, attablée au comptoir en bambou sous le grand palmier en plastique et avec un brin d'imagination, elle se sent un peu comme au club Med.

Youpi !

---

20 *Le paris-brest est une pâtisserie en forme de roue de vélo composée d'une pâte à choux fourrée d'une crème mousseline pralinée, garnie d'amandes effilées.*

Z comme Zèle

Ou les pensées secrètes d'un client

Non mais, pour qui elle se prend la boulangère pour prétendre écrire sur son métier ! C'est pas ce qu'on lui demande. Elle n'a qu'à rester où elle est, c'est à dire derrière son comptoir pour nous servir du mieux qu'elle peut. D'ailleurs, elle peut s'estimer heureuse que l'on fréquente encore sa boutique ; parce que des boulangeries, il y en a à tous les coins de rue. Et sans parler des grandes surfaces où l'on trouve de tout et à toute heure, même le dimanche !

Alors un peu moins de zèle s'il vous plaît ! Manquerait plus que ça, qu'elle décroche le prix Goncourt avec son bouquin ! Pour un peu, elle ficherait le camp à la capitale et nous, ses plus fidèles clients qu'est-ce qu'on deviendrait alors sans son sourire ? Parce qu'au fond, malgré toutes les petites misères qu'elle nous fait, on l'aime bien notre boulangère.

Elle nous rassure à être là chaque matin ou chaque soir lorsqu'on part ou lorsqu'on rentre du boulot. C'est notre vigie. Une petite lumière qui nous rassure dans les matins brumeux et un phare qui nous guide au retour d'une journée de travail. Noyée au milieu d'un océan de nouvelles boutiques, ou isolée au sein d'un village déserté, la boulangerie de notre quartier, demeure une valeur sûre.
C'est encore un des seuls endroits ou le mot convivialité a une signification même si parfois on aimerait un peu plus de discrétion de la part de sa patronne.

BEN OUI ! Malgré sa bonne volonté touchante et sa chaleur

communicative, son ardeur au travail et sa gentillesse, on trouve parfois que la boulangère exagère !

Certains jours, on aimerait bien se réveiller en douceur sans être accueilli par un « bonjour » tonitruant qui nous débouche les écoutilles alors qu'on a à peine ouvert les yeux !
Et le soir, les neurones en surchauffe après une journée harassante de boulot, on aurait qu'une envie, c'est que l'on nous serve notre baguette sans commentaire.
Or, notre brave boulangère n'a pas l'air de connaître ces petits moments de faiblesse...
Toujours d'attaque, l'œil pétillant, la bouche en cœur et la voix assurée, elle ne nous laisse aucune chance. Sans s'apercevoir de notre air hagard, elle nous débite trois ou quatre questions à la suite sans attendre la réponse: « Comment ça va ? Bien dormi ? Vous avez vu ce sale temps ! Ouh là, là, quelle histoire cet accident ! » etc.

D'habitude, on répond, on sourit, on participe mais là on la trouve carrément énervante à commenter l'actualité, à donner son avis sur tel sujet ou à s'insurger contre untel.
Elle nous énerve, nous agace, nous horripile, nous hérisse le poil, nous met en retard, nous fiche le bourdon, nous empêche de choisir, nous enlève les mots de la bouche, nous jauge de la tête aux pieds, nous fusille du regard, nous sert mal... ! On voudrait juste qu'elle se taise et nous laisse repartir le plus vite possible.
Bref ! On trouve qu'elle en fait trop. On se plaît à songer qu'on ferait sûrement mieux à sa place... !

D'ailleurs on s'entraîne. Depuis peu, on regarde les émissions culinaires à la télé et on fait aussi bien qu'elle si ce n'est

mieux ! Tartelettes aux fraises, macarons, madeleines, cookies etc. n'ont plus aucun secret pour nous et on se demande même si un jour on ne serait pas capable d'ouvrir notre propre boutique...
Tiens ! La prochaine fois on se permettra même de lui faire quelques remarques sur ses babas pas assez au rhum, sa chantilly trop sucrée, ses pets de nonne[21] pas assez soufflés etc.

STOP !!!

Là, c'est vous, cher client, qui faites du zèle.

---

21 *Le pet de nonne est un beignet soufflé et sucré de pâte à choux frite.*

Remerciements

Merci à tous mes collègues successifs pour leur gentillesse et leur professionnalisme. Mention spéciale à Chrystelle pour sa complicité et son humour (C'est quand tu veux pour une saison supplémentaire !).

Merci à Coco et Alain pour le chocolat chaud si réconfortant.

Merci à Dolorès B. qui se reconnaîtra et qui m'a vraiment appris le métier de vendeuse en boulangerie-pâtisserie avec tout son savoir-faire, ses codes et ses subtilités.

Merci à Félix P., poète et prote à l'occasion (je vous invite à chercher la définition dans le dictionnaire) pour ses corrections et ses commentaires judicieux.

Merci à mon équipe de « sondés » : Corinne, Jean-François, Sophie, Frank, Anna, Michel, Flo, Jean-Marc, Marie-Josée, Bernard et Jean-Claude pour leur avis sur le titre.

Merci à Claudie pour ses encouragements et à Bastien Ayme pour l'intérêt qu'il porte à mon travail et dont la musique m'a accompagnée sur ce livre.

Je n'ai pas souvent rencontré de patrons heureux d'exercer ce métier et c'est ce qui m'a le plus interpellée. Le métier de boulanger dans l'inconscient collectif fait pourtant toujours rêver la plupart d'entre nous. Je souhaite à tous les jeunes de réussir dans cette voie et surtout qu'ils n'oublient pas qu'un jour, avant d'être des patrons, ils ont été des « ouvriers »...

Prenez soin de vos vendeurs et vendeuses car ils sont le relais et le reflet de votre travail.

Restez humains en toutes circonstances et n'oubliez jamais que, malgré les difficultés, vous faites un des plus beaux métiers du monde : donner à manger à vos semblables.

Quant à vous chers clients maintenant que vous savez ce que votre boulangère vous cache, dépêchez-vous d'acheter plusieurs exemplaires de ce livre, consommez-le, digérez-le et distribuez-le autour de vous ; vous allez sans doute changer son quotidien.

(Source Wikipédia pour tous les renseignements techniques ou chiffrés ainsi que les définitions sur les gâteaux, recettes vérifiées et goûtées par mes soins avec quelques kilos en plus...).

Saint-André de Seignanx, le 03 août 2019

Table des matières

A comme artisan boulanger	13
B comme boulangère	17
C comme client	21
D comme déontologie	25
E comme éducation	29
F comme fournil	33
G comme genre humain	37
H comme humeur	41
I comme informatique	45
J comme jour du seigneur	49
K comme késaco ?	53
L comme livraison	57
M comme métier de la communication	61
N comme Noël	65
O comme odeurs	71
P comme petites annonces	75
Q comme quid de la protection de la planète ?	79
R comme réputation	83
S comme SMIC	87
T comme terminologie	91
U comme utopie	95
V comme vide-grenier	99
W comme Waterloo	101
X comme XXL	105
Y comme youpi !	109
Z comme zèle	113